女儿是父亲前世栽下的玫瑰

刘醒龙 著

中国青年出版社

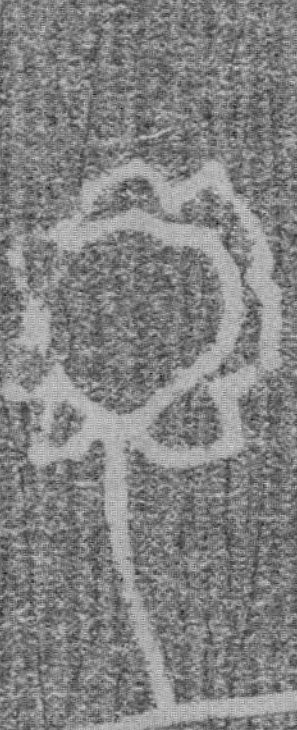

图书在版编目（CIP）数据

女儿是父亲前世栽下的玫瑰／刘醒龙著．
－北京：中国青年出版社，2007.1

ISBN 978-7-5006-7231-9

Ⅰ．女…　Ⅱ．刘…　Ⅲ．家庭教育

Ⅳ．G78

中国版本图书馆 CIP 数据核字（2006）第 155512 号

作　　者：刘醒龙
责任编辑：曾玉立
出版发行：中国青年出版社
社　　址：北京东四十二条 21 号
邮　　编：100708
网　　址：www.cyp.com.cn
营销中心：010－84027892　010－64010813
编辑电话：010－64049423
电子邮件：yulitt5@vip.sina.com
印　　刷：三河市华润印刷有限公司
经　　销：新华书店
规　　格：145×220　1/16
印　　张：11.5
字　　数：120 千字
印　　数：1－10000 册
版　　次：2007 年 1 月北京第 1 版
印　　次：2007 年 1 月河北第 1 次印刷
定　　价：18.00 元

目　录

CONTENTS

目　录

CONTENTS

目　录

CONTENTS

目　录

CONTENTS

自序
为家庭献身

总听到人说，家庭是人生的港湾。人在外面奔波操劳，然后像倦鸟投入林间一样，是男人回到家里有女人柔软的怀抱，是女人回到家里有男人强壮的胸膛。一壶热茶，一盅香汤，一声问候，一种抚摸，洗一个温汤汤的澡，将自己放平到那有着熟悉气味的床上，那种惬意真是人间难有其再的享受。如果再有老父老母隔着门的低声嘱咐，如果再有或儿或女的幼小的模样在眼前小猫小狗般晃悠，那更是十座天堂拿来也不会与之交换。

外面的世界很大，各种各样的新鲜与机遇也很多，但真正让人用心长久牵挂的还是那个属于自己的家庭。几乎每一个在理想的道路上走了很远很远的人，都会在某一个黄昏或者是某一个月夜，突然发现在所获得的成功背后，还有一个巨大的缺憾。要不然为什么总有那么多的人在反复地唠叨，说自己欠家里的东西太多太多。没有家庭作为背景的人，成就再大也不能算作是成功者。这是许多做成了大事的人，留给后人的不解遗憾。与之相反，这个世界上成千上万的普通人，劳其一生，到头来该为自己写上句号时，旁人见到的反而是那样说不尽的满足。老婆孩子热炕头，这话并非只是说给男人的，它包含着关于家庭的通俗的普遍真理。人在睡梦时，是为上帝而活着；人在将醒时，是为某种梦想而活着；人在清醒后，则开始为着真实而真诚地活着。

对于一个有着起码责任心的人来说，家庭应是其投入最多的地方。人生越到后来，人就越明白，自己早先所做的一切，在很大程度上首先是为了家庭。一个不珍视家庭的人，是不可能对其所在的社会承担什么的。

人有时候会不知不觉地将自己的情感有所物化，放在外面这种形式会是恶俗，但在家里则是一种常用常新的温馨。人有时会懒得有所作为而疏于应对，放在外面很有可能给自己留下致命的创伤，但在家里却可以获得一段纯美的空白。家庭不仅会还人以真实，重要的是它还会保护人的真实。因为家庭是用血缘与情感垒起来的。

一个人生活得幸福与否，在很大程度上取决于家庭生活质量。

一个人家庭生活的质量如何，又在很大程度上取决于其对家庭生活的投入。

对家庭的投入远不是那些难以把握的社会黑洞，不管是过去、现在还是将来，家庭对人的回报都会是难以计量的。

在父亲的情感里，爱女儿就是爱世界。

大人们真不好玩

女儿上幼儿园大班时，平时早晚接送都是她妈妈。从星期一开始，她突然拿定主意，不坐妈妈的车，宁肯放学时走路，也要爸爸去接她。好在那一阵是调整期，新的写作还没开始，我就将傍晚去东湖边散步的时间提前两个小时。女儿要我去接她回家是有条件的，那就是要我“宠”她一下。所谓“宠”也就是任由她亲自趴在小区内一处小卖部的窗口上，选一种她所喜欢的小玩具或者零食。

一天下午，临近接女儿的时间，正好走到一处超市门前，闻得里面有女儿平时最喜爱的烤香肠的美味飘出来，便进去买了一根。一路高举着，进了幼儿园，还没从一堆小人儿中找出我的小宝贝，班上的一个小朋友就率先惊呼起来：“哇，烤香肠！”一声尖叫，立即引来一片欢呼。小朋友们的那种快乐模样，就像烤香肠是人人有份的，没有谁去想如此小小的一根烤香肠只能是一位父亲，送给其宝贝女儿的，不可能属于这么多人。女儿倒是不好意思起来，有小朋友一再上前告诉她，爸爸给她带来了烤香肠。她竟然不像父女俩单独相处，得了“宠”时那样兴高采烈。小朋友们一直在欢呼，等到女儿上前从我手里接过烤香肠，小朋友们才在欢呼声中一哄而散。那样子就像人人都得到了一根烤香肠。

这让我想起上个月的某一天，女儿一进家门就对我说，今天幼儿园里发生了一件非常可怕的事。女儿绘声绘色地说，下午上三楼上完课，再回二楼时，老师不让小朋友们在楼梯上跑，可有些小朋友不听话，非要跑。老师后来就将在楼梯上跑的十二个小朋友，叫到另一间屋子里罚站。我赶紧问是不是也罚了她。女儿摇摇头，表示自己没有在楼梯上跑。“我当时都差一点儿吓哭了！我不要老师这样做！”女儿说话时眼泪又快出来了。让我感慨的是女儿接下来所做的一件事。女儿说，她想提醒老师，但又有些不好意思，就想了一个办法。趁着两个老师站在一起说话时，她赶紧跑上去，在背后叫了一声：“老师，不能这样做！”女儿只叫了这一声就跑开了，她不清楚老师是否听见了，也不了解老师以后还会不会继续如此管教那些不听话的调皮孩子，反正，她对老师说了。

作为成人，面对这样的纯洁，我还能说什么哩！

我只能亲亲她，夸奖她做得很对。

女儿从懂事起最怕的就是大人对孩子的惩罚。在家里，有一次她妈妈只是用商量的口吻问她，如果她太淘气，又总不听话时，可不可以像别的小朋友那样，将她关进卫生间。女儿当即眼圈一红，伤心得哭了许久，直到我答应，不管怎么样都不会惩罚她。女儿有她大哭一场的理由，她说小孩子是会淘气的，也是要犯错误的。她没有说，当然她也不懂得小孩子为什么会这样，女儿这样说时，是在表明淘气与犯错误一样，都是孩子们不可侵犯的权利。

女儿所意识到的应该是我们这些做父辈的从小被剥夺的独立与自由。这种面向孩子的剥夺，充满了文化特质，甚至不可避免地将会成为未来国民性格中暴力倾向的萌芽。不要惩罚孩子，女儿虽很小，却让我们将一件不起眼的小事升华为关系这时代和未来的极大真理，任何对孩子的惩罚，到头来受到损害的多半是我们自己。

人生下来本没有许多烦恼事，许多的痛苦都是自己在长大的过程中，一点点地自找的。人长大了就回不去，然而，只要想得到，就有可能尽量多地保留一些童心。童心越多，美丽才越多，幸福才越多。女儿的世界其实是每一个大人都曾经历过的，问题在于长大之后的我们，总以为那些是小儿科，从而放弃了对这个世界上最为深刻、最不可或缺的童真的珍惜。

女儿有时候会对我说，大人们真不好玩。从她的角度来看是如此。平心而论，即使是从我们的角度来看，大人们做的大部分事情还真的不好玩，或者说是无聊与没意思。这也是人一生忙忙碌碌到头来才认识到，在所经过的太多岁月中，最愿意怀念的还是生命早期的那种状态，也就是如我女儿一样的每个人的童年。因为在那样的年纪，一个人往往会用一种漫不经心的状态，掌握并毫不犹豫地使用，随着岁月的增长而被忽略的文化真谛。

女儿是父亲前世栽下的玫瑰

所写博客文章《大人们真不好玩》，没想到这么受大家欢迎。客人们温暖的留言，特别是在悄悄话中劝我将女儿的照片撤下来的那一位，其话简直说到我心坎里去了。为了孩子的安全，有时候我们不得不多几个心眼儿。

女儿也读了其中一些评论与留言，她觉得最有趣的是“扬州菲鸟”说：“五岁就戴上眼镜了？可怜的小宝宝。”女儿没有觉得自己可怜，反而站在电脑前面笑个不停。的确，女儿刚刚戴眼镜上幼儿园时，班上的小朋友都很羡慕，有的小朋友甚至还吵着要爸爸妈妈也像我女儿那样为其配戴一副眼镜。

女儿因视力不好而戴上矫正眼镜后，有熟人提醒我们，慢慢地孩子就会不爱戴眼镜了，所以千万不要太当回事，特别不要因为她不爱戴眼镜而强迫她，否则她会更加反感。毕竟在通常条件下，美丽的标准是人所共知，不可能受到别人的诓瞒。

昨天晚餐时，女儿突然对我们说，班上的小朋友在一起议论哪个妈妈最美丽时，被老师听到了。老师干脆就让小朋友们公开评论，结果全班的小朋友中除了一个例外地说自己的妈妈最美丽，其余的小朋友全部认为我女儿的妈妈最美丽。坦率地说，尽管女儿的妈妈开心极了，以一个成年男人的目光来看，她绝对不是三十几位妈妈中最美丽的。我们不解地继续问，有没有评选最帅的爸爸。女儿说："当然评啦，就是你！也是只有一位小朋友说自己的爸爸最帅，别的小朋友都认为我爸爸最帅。"我当即举几位小朋友的爸爸为例，说他们肯定比我长得帅。女儿说："可小朋友们觉得他们不是作家，而你是作家。"到这时我才明白，这帮五岁左右的孩子，已经晓得看人美丑不光是外表了。于是我对女儿的妈妈说，冲着这一点，我也要好好珍惜地做作家这一行。

写小说对我来说真是一件妙不可言的事。这且不说小说本身的妙不可言。它给了我太多的意想不到：对世事的发现，对人的发现，对自己的发现。就说这部《圣天门口》，无论我有多少想法，也不管这种想法是如何天花乱坠，甚至还有哗众取宠、自吹自擂嫌疑。其实，最真实的目的是六年间，女儿这个小生命太可爱，她的成长需要有成年人在一旁监护。人到中年，得一个宝贝女儿，自己哪里愿意远走一步呀。去年秋天，北京的一位朋友，来武汉参加一个活动，因飞机误点，半夜过后才到。一屋子的人都在对他说些慰劳的话，他却充耳不闻，径直冲着我走过来，说："醒龙，我也生了个女儿！今天刚满月！"在众人的一片惊愕中，年纪相仿的两个男人紧握着手放声大笑。一部好小说总是独特得非要天马行空才行，而一部小说再好，也会命中注定是一个必须在尘俗中打滚的东西。我的书写到了何等程度，我的思想境界穿透了哪一重天，在一分钟一分钟度过的日子里，谁也看不见，我自己也同样摸它不着。用一百万个汉字来打熬六年，最能让自己信服的理由只有一个，书写这样一部巨大的著作，可以耗掉更多时间，使得自己可以呆在家里哪里也不用去，终日面对那可爱的小生命，还可以让一步也舍不得走远的世俗念头，披上障人眼目的外衣。

男人非要到四十岁以后才懂得，如何做父亲，如何善待女性。才能体会到妻子是丈夫今世的情人，女儿则是父亲前世的情人。至于小说，我相信自己永远也不明白它是什么，那样的小说才会使人始终保持着前所未有的兴趣。用我家里的话来说，小说是放养的，小说家是圈养的。

二〇〇二年夏天，刚满两岁的女儿接连三次住院，每天里，光是一瓶红霉素打下来，便至少要六个小时。因为药物导致的胃部难受，女儿一刻也不肯离开爸妈的怀抱，只能一个人抱着她，另一个人举着点滴瓶子，在病房的走廊上不停地走动。幼小的女儿一定是太难受了，却还没有学习正确的表达方式，只晓得不让我们脚下有片刻停歇，更别说哪里坐一下或依靠一下。女儿患病时间就像有周期性，每次总得在医院里住上十天左右。在那些日子里，担忧强化着疲惫，疲惫又使担忧更加深切。每当大夫走过来冲着我们轻轻一笑，说女儿可以出院时，我便假装对女儿说话，而将头深深地埋进女儿的秀发中，不使自己潮湿的眼睛被别人发现。现在想来，我相信这是一种命定。正如上天在我临到中年时，赐给我一个聚万千宠爱于一身的女儿。在年纪上《圣天门口》与女儿一般大。所以，我只能相信，如果不是女儿的降临，就不会有这部作品。尽管很多年前我就在为这部小说做准备，然而一切都是那样清楚明白，没有女儿带给我的安宁，就不会有六年中一以贯之的写作状态。女儿那时的体弱多病，正如上天时时赐我以警诫，不许我心有旁骛，意有他物。

在写作的后期，从襁褓中一天天长大的女儿，时常从腋下钻进我的怀里，站在我和电脑之间，大声念着显示屏上的文字，遇到她认为可笑之处，便用五岁的嗓门放声大笑。二〇〇五年元月二十一日，是小说最终完稿的日子。女儿听到这个消息时，高兴地大声说，爸爸终于可以跟我玩了。翻开那一天的日记，是这样写的：“太太送女儿上幼儿园后，因有小朋友发水痘，又带了回来。她很乖，几乎没有打扰，一直在看书。中午吃饭时，她突然指着窗外问：爸爸，那是什么？回头一看，竟然大雪悄悄落了下来。一时很兴奋，这是今年的第二场，入冬以来。《圣天门口》经过再次修改，下午四点半正式完稿。”有天使一般的小生命在自己的日常生活中蜿蜒前行，谁都没有理由不会好好享受安宁。我的心情，就像长途跋涉后来到一座驿站。如此符合人性的写作，也足以成为我灵魂的驿站。

在今天的晚餐餐桌旁，女儿又讲了她班上的事。

这一次，老师见孩子们喜欢在一起说些“吹牛”的笑话，就让大家集中起来进行“吹牛”比赛。女儿所在组别竟然得了冠军。女儿的搭档是个小男孩，他先吹牛说，自己在妈妈肚子里就认识很多字，读了很多书。女儿接着“吹牛”：她能用一张牛皮弹奏出很优美的音乐。大约是小朋友们认为他们最会“吹牛”，顿时鼓起掌来，老师一下子就给他们加了一百分。孩子们的想法，大人们可以喜爱，可以感受，但在想象上注定要落在他们后面。因为孩子们的心灵是这个世界上最健康最干净的，哪怕让他们去吹牛，听起来也是那样甜蜜与可爱。

自从有了女儿，我越来越觉得，身为男人，其情感中最伟大、最动人的是对女儿的爱。一个连自己女儿都不会爱，或者干脆不爱的男人，肯定是不合格的男人。就我来说，有许多东西是女儿教会的。当然，这种教会在某种意义上看，也可以说成是对那种洁净纯美的响应，和从麻木沉睡中的苏醒。女儿总在说，而我也非常愿意听女儿说：我不怕爸爸凶，爸爸一凶我就撒娇。女儿真撒娇时，我不是没辙，而是感觉到有一种无边无际的爱在铺天盖地。

女儿是父亲前世栽下的玫瑰，无论别人信不信，在我这里早已是不需要重新证明的真理。

这就如同日常当中男男女女们，总爱就孩子的调皮与任性信口冒出一句，说是来讨债的，也不晓得前辈子都欠了他什么。生命并非以呼吸与心跳的终止为终止。肉体虚化了，爱会延续到永生。不是说不定，而是肯定，在某个来世里，会有一个女人在那里默默地倾诉，因为小时候享受了无边的父爱，所以，自己才如此深爱那从茫茫人海中蹦出来的另一个人。也许是一个无助的小男孩，也许是一个伤痕累累的成年男子。女人天性当然会懂得，自己是父亲前世的玫瑰这话，只不过是父爱到了极致，语言已不足以表达时的一种心迹。父亲爱女儿多少还有一点儿狭隘的生命本能，到了每一个以女儿名义长成的女人那里，这种用生命来延续的爱就会呈现出更加不凡的意义。

我家的地震

二〇〇五年十一月下旬，有事去了北京几天后，乘37次列车于二十六日早上到家，痛痛快快地洗了一个澡。因为是周末，没有要赶时间的事，便和爬到大床上的女儿嬉闹。好好的，突然感到一阵天旋地转。多少年前，第一次坐夜班火车到了西安后，一连三天，走在街上都还觉得是在火车的上铺上躺着。正以为也是这样的头晕，整个屋子胡乱抖动起来，十几扇玻璃门窗像筛糠似的一齐响个不停。这才明白是发生地震了。

急忙当中，我们要将女儿放到床边掩护起来。五岁多的孩子，正如初生牛犊不怕虎，大人们都快乱了方寸，她却觉得有趣，就像要与幼儿园中调皮的小男生一较高下，一蹦一蹦地同地震比谁跳得更高。我们抱她下床，她还犟着不肯就范，情急之中不得不重重地按了一把，惹得她躺在床边的地板上，一声声地撒着娇，怪我们弄疼了她。那一刻过后，我才体会到，世界上每有灾难时，总会有孩子在父母亲血肉之躯的掩护下，逃过劫难。其时的一切作为全是依仗潜意识安排，没有一丁点儿的前思后想。那时候的果断与无私，毫无疑问，亦是对自己生命的珍惜。也只有如此去想，才能解释为人父母的，为何不需要任何的迟疑，就能用生理反应的极限的速度来呵护眼前这个小人儿。

由江西九江波及而来的这场地震，到了武汉后，就成了地地道道的父亲脾气，来得快，去得也快。就在我只差半秒钟，就要用自己的身体扑上去掩护女儿时，乱摇乱晃的楼房突然安静下来。见无动静了，我才想到亡羊补牢，高声强调，要太太和女儿记住，遇到地震千万不要钻头不顾屁股，像平常所说的那样，钻到所谓牢固的家具底下去，那样才是自寻绝路。正确的方法是趴在任何坚固物体的旁边。万一房顶塌下来，被砸塌的坚固物体会扛住塌下来的房顶，有可能在人体上方形成一处三角形的救命空间。我们只顾说话，在地板上躺了多时的女儿生气地说，爸，我要起来。女儿说了一遍后，很快又说了第二遍。这一次她更生气，不经我们同意，说起来就起来了。还不晓得冲着谁用力地说了一句：地震有什么了不起！

仿佛是女儿的话起了作用，地震波过去后，一家人坚持在屋里吃完早饭。朋友打电话来催。太太还是不着急，非要将女儿的辫子梳好。我在一旁看着，催也不好，不催也不是。大事临头能从容不迫，世事变幻可宠辱不惊，这心境是没有专门训练课的。当然，这些是后来所想：此时此刻，对女儿一对辫子的梳理，应该比逃得性命更为重要。毕竟人一辈子绝大部分时间是在过着平常日子，生死一瞬的事，碰不上几回。真正重要的品质在于，是否慌不择路和饥不择食，是否见利忘义和有奶便是娘。在女儿心里，这一刻我们种下的泰然处之，也许会在未来的岁月里成长为一棵不怕风吹雨打，走得累了后可以放心地停下歇歇阴的长青之树。

梳理得整整齐齐的女儿下楼时，院子里已经有许多人了。大家都说着自己屋里的情形。邻居家的衣柜像是长了脚，摇摇晃晃地在卧室里挪动了好远。对面楼上的一家墙壁裂开了几道缝隙。有人从外面过早回来，说是轻机厂一幢七层楼塌了。一开始听说震中在通山县，后来有了准信，说是在黄梅、九江和瑞昌一带。因为离老家更近，便又忙着打电话回去问情况。一般人还好，只是在保险公司工作的妹妹在开紧急会议，布置理赔事宜。此次去北京新认识的中宣部文艺局的一位朋友家在九江，我打电话过去问候时，他说，真是巧，他正有事往家里打电话，家里人突然在另一边大声说，发地震了。我不停地打电话，接电话。在中学和大学读书的侄儿、外甥女全被老师从屋子里赶到操场。然而，在女儿眼里，这些还不如有小朋友摔跤了。

在外面呆到十一点半，见地下一直没有再震了，便让太太带着女儿继续在院子里玩。自己回屋将没来得及晾晒的衣服挂到阳台上后，见南边卧室的地板上掉了不少粉末，抬头一看，天花板上竟然裂开了几道缝。

说不怕是假的，说特别怕又不像是真的。

因为地震，爱看书的女儿在我们要她爱护自己的眼睛时，有了一个不肯放下书的理由。女儿每每将书抱在怀里，理直气壮地说，我在找与地震有关的知识。这样的理由真的无法让我们阻止她一连几个小时，一动也不动地趴在那里看书。那个在印尼巴厘岛大海啸中救了许多人的英国女孩，不就是因为记得一点儿相关知识吗！

几个月后，女儿的一个问题又将我们带回到地震的恐慌中。女儿自己从一本书上认识了掩耳盗铃这个词。听我们解释之后，她突然问，那不就是钻头不顾屁股吗？怔一怔后，我在心里认同，哪怕是遇上地震了，所想到的也不该仅仅是逃得性命。那一天，早将地震忘得精光的女儿在向位于七楼的家中攀登时，撒娇地问，为什么我们家不住二楼和三楼，害得她天天累得要命。我们就与她笑闹，问她什么时候变成大人物了，只想住别墅，不想爬高楼。没想到她小喘吁吁地认真回答：我当然是大人物，因为将来你们死后，生命要靠我来继承。那一刻我和她妈妈相对无语，好半天才喃喃地嘟哝了同一句话，这小家伙倒是说了大实话，只是太不中听了。从这种本义上看，只要了解到生命虚虚实实两种，就能明白，在我们穷尽一生所做的许多事情中，其实为着自己的生命。

与五岁的女人共进晚餐

人不管如何有慧根，在她或他只有五岁时，一不要对其说，没有上帝，二不要对其说确有上帝。这是与刚满五岁的女儿共进晚餐时收获的新知，虽然算不上是大彻大悟。

那天，太太去了一年一度的北京图书订货会。像这样只留我们父女俩在家，总是女儿最可人的时候。每次出家门，尽管是在大门锁上之后，她都要提醒我带上钥匙没有。每天晚上临睡之前，她都要提醒我早点儿睡，等到早上醒来，则一定还记得头天说过的最后一句话，问我昨天晚上几点睡的。如果我说十一点钟就睡了，她就会满意地点点头说，这还差不多。一般说来，只要妈妈不在家，女儿在我面前撒娇的次数反而要少许多。甚至还带着恨铁不成钢的口气，长叹一声："爸爸，你就是不会给我梳头！"叹气归叹气，每天早上学着她妈妈给她梳理那头细软的黑发时，因为纠结，手上的力气不能不稍稍加大一些，她不仅强忍着不叫一声疼，有时候还会爱怜地说："你真是个笨手笨脚的爸爸！"每每听她这样说话，我眼睛里就会泛起一层薄薄的潮湿。

因为有女儿最喜欢的土豆丝，两个人的晚餐也在女儿的欢呼声中热闹起来。女儿叽叽喳喳地将许多不相干的事情全都放到一起来说，平时，有她妈妈在，我还可以不时地用一阵思维空白来享受这样的天伦之乐。轮到我一个人来面对她，那张炒豆子一样总不停歇的小嘴巴，让我不敢有片刻偷闲。女儿的刁钻问题确实太多了。

那一次，同城作家方方邀请我们去看根据她的小说《树树皆秋色》改编的雅皮剧《好听的都是伤心的歌》。女儿第一次见识如此演出，兴趣盎然得从头到尾没个完，散场后还拉着我在楼下的巨幅招贴画前看一阵，并迅速地记下剧中的女主角华蓉，是在电视台当主持人的王晓青扮演的。回家的路上，她在总也学不够演员们的话剧腔之际，冷不防冒出一个问题：王晓青阿姨是怎样忘记自己是王晓青，而变成华蓉的？同车回住处的女作家林白在旁听得大呼小叫地连连说，这小家伙一下子就进入到艺术的本质里了！

妈妈不在家，女儿也变得大方许多，不停地用那笨拙的筷子，将平时总要一口气吃得精光的土豆丝，不停地往我碗里夹。不待我开口问这是为什么，女儿突然一转话题问："爸爸，人到底是不是用泥土造的？"因为城市里刚刚夸张地过了圣诞节，同时，女儿又与之呼应地刚刚读过那本儿童版《圣经故事》，而且还因为放学回来，女儿看到楼下的草地上摆放着一棵被人遗弃的圣诞树。这是一个显然受到陌生文化影响的问题。在最初的几十秒钟里，我几乎想放弃回答。多少成熟的男女尚且无法真正理解这一点，更何况这样一个只有五岁的女孩。

我是在回答了女儿的问题之后，才想起那年春节，我们带着未满周岁的女儿在赣州乘火车到南昌时，在硬卧车厢里，一位父亲不断地用一些技术性的问题，考试自己的儿子。因为女儿感冒发烧，虽然就在下铺，一开始我们还不怎么注意到这些，直到那位做儿子的，在父亲测试体力的口令下，反复越过我们头顶，不停地在下铺与上铺之间蹿上跳下。在当时，我几次想提醒那位做父亲的，让孩子认识到什么是美，远比江西红土地上适合栽种何种植物，以及一分钟内可以在上下铺之间爬上爬下多少次要紧。诚如那位做父亲的，如果只是为了在正误之间得出答案，我大可以如实告诉女儿，所谓人是上帝用泥土造成的，不过是人在无法认识自身的时代，而虚构出来的故事。

为了回答女儿的问题，我从座椅上起来，为自己冲了一杯茶水。这才转过身来，有意放慢语速，慢慢地告诉一直等待着的女儿，人本来是由猴子变成的，可是，猴子变成的人，还像猴子一样只爱吃好东西，吃完自己的好东西后，又想将别人的好东西抢过来，或者是还像过去的猴子那样，总要别的人去做这做那，自己却什么事情也不肯做。好在人很聪明，很有智慧，又想出一种名叫宗教的方法，让那个名字叫做上帝的人到处做仁慈善良的好事，同时惩罚那些做坏事的人，让那些爱做坏事的人，以为自己是上帝用又脏又臭的泥土做的，所以很丑，只有做很多的好事，才能变得美丽。

这样的回答也许不合理，然而，我是在用全部真诚来对待与我共进晚餐的五岁女儿。我从她那五岁的眼光里感到一种如成熟女人一样的信任与满足，因为她没有再就这个问题，进一步提出某些相关问题。而我最怕她还要问我到底有没有上帝这个人。因为我无法像对一位真正的女人那样说，不管我们承认和不承认，见到过和没有见过，人的心灵中必须有一种代表上帝的东西。这里面的意思连成人都不一定能深切体会。然而，我相信像女儿这样的孩子也许比我们更明白，在童年的心里，上帝可以是她极为宠爱的那只玩具北极熊，可以是她在明白女人长得太胖并不好之前，一度可以吃到直叫肚子疼的巧克力，可以是她每每见到后就兴奋得大惊小怪的明月清星古树新花。无论是情还是理，重要的是教育女儿去体会和感受的方法，而决非是对与错的结论。

最好的总是艺术

太太供职的出版社新出了一本《一百个奥运冠军的童年》。样书带回家后，五岁的女儿一有空儿就抱着看。女儿爱看书不说，还爱提问题，因此所在幼儿园的小朋友送了一个“问号虫”别名给她。每当女儿读书之际，我就会在心里提早做好防范，以免被她的那些脑筋急转弯式的问题弄得哑口无言。读书的过程，就是一种不断用各种各样形式提问的过程。读不出问题来，要么是脑子不叫脑子，要么是书不像书。这一点，热爱阅读书籍的孩子在各方面都会强于电视看得太多的孩子。那一天，捧着书香的女儿突然问：“梁艳是谁?”梁艳还能是谁，不就是老女排中最年轻最漂亮的，但在各种媒介的陈述里，总说成是女排精神承前启后的那一位吗？我将有关中国女排的英雄史凭着记忆说了一通，譬如排球和足球、篮球的区别；譬如当年中国的体育运动是如何逢赛必输的虚弱；譬如那一次老女排第一次获得世界冠军时，许许多多的中国人如何兴奋得又是哭又是笑。女儿对这样的回答一点儿也不满意，继续提高声调地说：“我只是问——梁艳是谁?”

后来，我不得不承认，这个看似最为普通的问题，所指向的却是变革时代社会形态与大众文化心态的本质。在当年那些振奋人心的胜利，以及和胜利一起诞生的那些振奋人心的口号下，作为个人的价值存在于哪里？老女排们泰山压顶般的重磅扣杀，真的是激扬起一个民族奋起的力量，还是正好相反，是一个正在奋起的民族潜质，通过生逢其时的一批人，得以恰如其分地展现？老女排们那些鲤鱼跳龙门般的跃身救险，真的是以那些不算强壮的青春年华，挽夜色苍茫垂垂老迈之文明于即倒？还是几千年来文化的生生不息绵绵无绝，通过这样一批女子而昭示自己正在到来的新生？还有老女排们最为鲜明的招牌——天安门城墙般的网上拦截，到底是人类在物竞天择互为淘汰的新一轮攻防中，所取得的一次空前胜利，还是双方在一定游戏规则之下，以自娱的方式，最终达到娱乐所有人的一次美妙竞技？

一位到美国去过多次的前辈作家，谈起美国时，说自己来来往往于大洋两岸，对美国印象最深的不是它的发达，不是它的现代化和强大，而是那个国度里一个普通人做的一件极小的事。那次他去白宫观光，在离白宫只二百米远的街边上，站着一个老人。是那种蓝眼睛、鹰钩鼻子的纯种美国人，而不是异族移民。老人胸前挂着一只皮包和一块纸牌。纸牌上用英文写着："我有一个梦想，这辈子要在银行存足一百万美元，现在，我已经存了九十九万九千九百九十九美元，还差一美元，请你们帮帮我！"老人面前围观者不少，和通常什么怪事也难留下美国人匆匆脚步的情形不同，大家都乐得看老人一眼，并且一个个笑眯眯地掏出一美元，放进老人胸前的皮包里。老人也笑，且无丝毫别的表示。其实这也是一种乞讨，老人是在求别人给自己一美元，可他那开心的乐呵呵的样子里，丝毫没有那种被施舍的感觉。原因就是构成乞讨的双方，都在参与一种行为艺术。老人的幽默，深藏起自身的无奈，他没有强求别人为自己付出，而是用自己的付出来换起别人的回报。在老人与旁观者之间，乞讨的含义还在，但它已经退至不甚紧要的地方，浮上来的是二者彼此间相互欣赏。在艺术的魅力之下，腐朽也能化作神奇。

进一步由排球想到，足球为什么总是魅力无穷？根本原因就是它已成了一种成与败的艺术。人们说一场足球赛如同一场战争，但人们总在咒骂战争，因为战争是以对方的毁灭与消亡为代价。足球不是这样的，它是亿万人都会使用、都会欣赏的一种行为。成败的结果固然很重要，过程则更关键。假如没有过程，人们肯定宁可选择玩抓阄儿与老虎机。通常人的行为中，脚步是不能上大雅之堂的，可在芭蕾舞台上，脚比手还美妙动人。那般风情万种，韵律千回，叫人如痴如醉。球场上每当有人飞身做那匪夷所思的绝技，总会赢得成千上万人的喝彩。这喝彩并不在乎那球踢进了没有，它在乎的是生命在那一瞬间里迸发出的辉煌。无论怎样久远，这样的时刻都不会过时，它总是经历中最美的，因为足球里顶尖级的东西，无一例外全是艺术的极品。足球让男人那双酸臭难闻的脚变得出神入化，千万遍地上演一曲曲动人心魄的壮歌，非艺术，是不能够让某种东西流传得那么广那么久远！

于是这个世界就出现一种足球的天命：只要有足球在，不管它在世界的哪一个角落里活着，我们总会因为它而联想到巴西。

在全世界喜欢足球的人当中，谈到哪个国家的足球最好，绝大多数人是会认定巴西的。巴西队第四次夺得世界杯以后，失败了许多次，每次失败都让多少人备感伤心，并在心里认定只有巴西队才是真正的世界冠军，才是绿茵帝国中的真正英雄。

巴西足球让人销魂，原因是他们用艺术之心来对待足球。在巴西人的球场上，一会儿能听到贝多芬的《英雄》与《命运》的交响，一会儿又能听见小约翰·施特劳斯那《蓝色多瑙河》与《春之声》的圆舞。在巴西人的球场上绝对见不到那些枯燥与乏味的东西，人生的才情总是不时地在眼前闪烁。对于足球来说，它与人生的问题总是一样。一个人在自己的人生道路上到底能走多远，这是每一个人都备感困惑的问题。属于一个人的生命不可能无限，如果说这是物质所决定的话，那我们就得换一个途径，从精神上去寻找出路。实际上，生命在降临这个世上时，它原本是纯物质的。物质的肉体极限值总是那么微不足道，只有当它假借精神的翅膀以后，生命才显出一种强盛。所以，人的精神是生命的精髓。平常岁月里的每一步行走都是由它来作出决定，躯干只是徒有的外表，而影响着人的精神，最重要的莫过于艺术。《摇篮曲》为什么那样经久，因为它最早告诉每个初来人世、混沌未开的生命，世上有一种东西叫做爱。细细小小的《摇篮曲》，能轻松地完成这一个重大人生课题，原因是它是艺术。

巴西人小时候肯定不知道自己踢球所将要承担的为了民族名节的重大使命，但是桑巴舞的节律与鼓点，在不知不觉中将这一切都融于最早的启蒙中。

艺术所缔造的精神是最强大的。在人的成长中，注定了要让每个人无论绕多大的弯，总归要回到艺术中寻觅一片归宿。向往大海的，可以在心灵的大海中激荡。向往蓝天的，可以在灵魂的蓝天中翱翔。这是人在聆听第一声《摇篮曲》时就铁定了的。人越是早地意识到这一点，他就会在自己唯一的人生旅途中到达别人尚未达到的境界。体育如人生，道理也是一样的。仅有一身力气，再加上手脚的几招鲜活儿，就以为懂得了体育，那才是真正的悲哀。赛场上也有帕瓦罗蒂的歌唱，赛场上也有阿炳的二胡和凯尼金的萨克斯旋律。只是平常人听不见。

多年之前，我们没有来得及思考梁艳是谁，以及那些与梁艳同场竞技的队友们是谁。多年之后，面对从最简单质朴的层面上质疑梁艳是谁的一代新人，从记忆深处重新翻出这些旧事，当年的激情不仅变恍惚了，甚至有点儿不明白，那时候为何会将一场体育赛事，象征为与天地一样大的国内和国际政治伟业。如今的梁艳，在我心里的全部真实是，任何时候都是那样甜蜜的微笑，任何动作都是如此与众不同地优雅与洒脱。这样的怀想促使我更愿意将引发自己年轻时空前激动的因素，认定为一种绝妙的艺术出演。

人一生中相对于失败，胜利的机会总要少上许多。即便有少数人与此概率相悖，放在与生俱来只能将悲剧当做正剧演出的命运里，还是无法摆脱生命之美就在于它是悲情的这一恒定不变的规律。我明白，自己终将长久地记住那些在高水准的竞技场上出神入化，最终具备了艺术气质的那些难能可贵的品质。

我决定用以下方式告诉女儿：梁艳小时候像她一样爱撒娇，却一点儿也不怕摔跤和打针；梁艳长大后成了一位非常可爱的排球运动员；梁艳将排球场当成剧院，无论比赛和训练，都像教她跳芭蕾舞的那位来自圣彼得堡芭蕾舞团的奥丽加老师一样优雅；梁艳打排球时格外认真，任何时候都能做到像她弹钢琴的小手指那样，弹不错一个键。女儿听后，很满意地亲了我，早上起来上幼儿园时，已经出门了，又返回来将那本书翻开，指着目录要我好好看看第八十四页上介绍梁艳的那一节，并且一再要我写梁艳，也只能写梁艳，不能写别人。我答应了，因为我发现自己也很喜欢那个将排球艺术化的女孩。

借你的奶奶当母亲

过年回家，有一种东西总在堵着我的喉咙。

“人到底能活多少岁？”这是见到爷爷和奶奶后不久，女儿像捅破窗户纸一样突然冒出来的一个让我心疼的问题。我在心里将历史与现实简单比较之后，很负责地回答：“八十多岁。”我这样说已经充分考虑到她爷爷已有八十一岁，她奶奶已有七十三岁，并且还综合了中国人平均寿命约七十岁等等实际情况。不曾料到女儿竟然晓得巴金老人的阳寿，我的话音一落，她便眼睛一眨不眨地反驳：“爸爸你说错了，连巴金都活了一百零一岁哩！”

晃着秀发，让阵阵绸缎般柔软光亮和沁人心脾之乳香散漫开来的女儿，总让我难以改变地认为，这类事情还轮不到五岁年龄的她来关心。后来细想，女儿问这问题显然有着用亲情所做的背景。她说连巴金都活了一百零一岁，心里肯定同时在对照，既然连一个从未见过面的人都能活这么久，自己每个星期都要在电话里奶声奶气地表示最爱的爷爷和奶奶，一定可以活得更久。五岁的单纯，管不了那位被她父亲称之为“有一种伟大叫巴金”的人，与世上最为普通的爷爷奶奶之生存质量差异何其大。女儿认识到人之老去是一件很不快乐的事情时，只有三岁。那一阵，每当她妈妈半真半假地顾影自怜，女儿就会流着伤心的眼泪，哭泣着不许妈妈变老。连那些平时家里的玩笑话她都会当真，譬如，就因为我曾经劝太太遇事别着急，更要少生气。从那以后，只要女儿发现妈妈不高兴，就一定会用从我那里学到的话反复说，人生气会变丑，老得也快，非要妈妈笑起来才肯罢休。这种表达在昨天晚上又进了一步，她在家里宣布，不许爸爸妈妈批评人，批评时表情太严肃，会使人变得更老。

女儿说话的意思，让人觉得她对人生的悲剧性有了初步理解。

我们是在黄昏时刻到家的。从车窗里望见系着旧抹腰的母亲，孤单地等候在院门外的那一刻，我第一次发觉，一生中最先学会、叫得最多、最了不起的称谓，竟然无法叫出声来。是女儿趴在怀里，冲着奶奶，响亮而又深情地替我叫了一声生命中最爱的母亲。母亲灿烂的笑容，分明是冬日苍茫中最美丽的景致。我的心却紧得很，阵阵酸楚直往眼底涌：国庆节放长假我们曾经回来过，才三个月时间，母亲又老了，并且老得格外厉害，许多次，我在电话中一边同母亲说话、一边想象母亲苍老的模样，眼见为实的母亲让我惊讶不已。在一段时间里，我一直不去看女儿绕在奶奶膝前撒娇并撒欢的模样，只用耳朵去听她们一声声，好奶奶——好孙女地相互叫着，并相互说着：我好想你呀！在听来的这些动静中，让我略感宽慰的是母亲的笑声不仅没有改变，甚至还在女儿的亲昵下，透露出一丝逝去多年的娇媚。

家里人都晓得，母亲过分的苍老，主要原因在于父亲。腊月底，二叔带着二婶来武汉医治青光眼，见面后聊起家事，二叔二婶毫不客气地表示，八十一岁的父亲在所有事情上越来越任性而为，完全是母亲宠坏的。离休后第一个十年，父亲结交了一批钓鱼的朋友。第二个十年，父亲不能钓鱼，只能打些小麻将，于是就有了一批老赢他钱的牌友。第三个十年开始后，父亲的体能只够在院子里养养花，仅仅剩下两位爱花的老朋友就成了必然的事。于是，已到了“现在的事记不得、过去的事记得清”阶段的父亲，就用那貌似清醒明白的糊涂，开始了对母亲仿佛不近情理的导演。越来越靠潜意识生活的父亲，迫切需要有人来出演往日工作与生活中相伴过的那些角色。譬如他不让母亲洗被子，母亲没有听信，父亲便夺过被子，放到砧板上，用菜刀剁得稀烂。譬如，锅里的饺子煮好后，两位孙子像请示工作一样去问他，可以吃几个。几经反复，他才哼一声：八个。那样子十分像小时候看战斗故事片，日本人伸着手指比画：八路的有？

母亲是天下最常见的那种任劳但不一定任怨的妻子，心里有委屈，就会在儿女的面前一一数落。吃着母亲亲手做的饺子，心中塞满了母亲这辈子太多的辛苦、辛劳和辛酸。不由得，我们也会跟着母亲抱怨父亲几句。然而，母亲往往不给我们哪怕一丁点儿的过渡，只要父亲那里有任何动静，她便即刻赶过去，那种敏捷与由衷，让满屋子的晚辈每每自叹弗如。

到家的第一个晚上，关起睡房的门，与太太一起感伤的话让女儿听去了。熟睡之后，她像大人那样长叹了几声。第二天，我抢先起床，打算做一顿早饭给母亲吃。正在忙碌，母亲出现了。她笑我这么多年没烧煤了，还能记得如何生煤炉子。我也笑，却没有说，因为怕生不着煤炉子，而比她多用了两倍以上的引火木炭。母亲说她整个冬天都不敢烧煤，她那手像豆腐渣，不晓得为什么，只要一沾煤，就会裂得大口子连着小口子。

我想起前年母亲在武汉过年。母亲当时之所以同意在外面过年，是因为那一身折磨她多年的疾病实在不能再拖下去，答应我们年后上同济医院彻底治一治。为了陪伴母亲，我们要了一间温馨病房。手术之后的母亲从麻醉中醒来，顾不上疼痛就开始后悔，治病哪能像住宾馆。无论我的稿费来得容易和不容易，在母亲看来都不应该如此为她花费。母亲住院的那半个月，是迄今为止，我对她最为孝顺的日子。印象最深的一件事是坐长途客车来看望的大姐，捧着母亲的手说，真像是姑娘的手。那一刻，母亲笑得十分满足。

母亲的手是那乡村沃土，只要一场雪，就会变得丰姿绰约光洁照人，然而沃土之意义不是妩媚其表，而在于内里中长久的奉献。此时此刻，不烧煤的母亲双手上那些隐约带血的裂口子，只是稍细了些，会不会少一些都说不准。

大清早，母亲一边和我说着话，一边随手将我正在做的各种事顺手接了过去。而我也像以往每次回家那样，不自主地就顺从了母亲。直到这顿早饭做好后端上桌子，我才重复着从前，在心里责备自己，怎么连这么小的一点儿事情也替不了母亲哩！守岁的那夜，过了零点，我一再吩咐母亲初一早上好好睡一觉，那些该做的事，由我起床做。一夜好觉被邻居家的鞭炮惊醒，匆匆起来也放了一大串迎新年的开门吉响。我真的不晓得，做儿子怎么会如此滥用母亲的慈爱，无论我如何告诫自己，到头来一切如故，母亲轻轻地走近来，不用费力争夺，只需稍一抬手，我就放弃了为母亲分担点儿什么的诺言。

在心里，这一回我的自责又有了新的内容：一个号称非常有自制力的男人，怎么就不如一个差三个月六岁的女孩？回家的第二天，女儿起床后，拿了一件什么东西就往菜地里走，问她也不回答，还往身后藏。后来才发现，她拿的是一只水杯。女儿用这只水杯，接着水龙头里的水，将母亲种在院子里的三畦白菜，还有自己脚上的一双鞋和两条裤腿浇了个透湿。浇完水，女儿又抄起扫帚，一遍遍地扫着院子里新产生的垃圾与尘埃。回家的几天，女儿一直乐此不疲地做着这两件事。

那一天，天晓得她是如何做到的，竟然将母亲轮换使用的两件抹腰中的一件系到了自己身上。

就这样，我伤心地发现一个可能属于天下所有男人的秘密：不要相信儿子对母亲的承诺，不是儿子们不孝顺，只因为母爱太伟大了，做儿子的到老也离不开。

紧接着，我又发现唯独属于母亲的天大秘密。

这么多年，记忆中唯一没变的是系在母亲身上的抹腰。母亲四十几岁时就病退在家，此后的三十年中，一件又一件的抹腰，也就是别处称之为的围裙，就成了她日常生活中最主要的时装。回家之前，太太拉着我特意去商场为母亲买了一件枣红色绣花中长棉外套，我们非常满意，拿给母亲试穿，母亲也非常满意。初一早上，母亲走出睡房后的模样，竟然没有一个人及时看到。临近中午，大家在院子里晒太阳，我问母亲为何不穿那件新衣服。话刚说完，我就发现，那件新衣服其实早已穿在母亲身上。母亲在穿上新衣服的同时，亦随手系上那件沾着油腻、补有补丁的抹腰。我们将那件抹腰拿走，要母亲穿着新衣服漂漂亮亮过完大年初一。母亲不让时，女儿在一边帮着她，纯洁无邪地提醒我们，抹腰是奶奶的，那样子宛如声明，从武汉带回家的芭比娃娃是她的。女儿最终还是听从了我们所说的道理，让母亲鲜艳地映照着入冬以来少有的暖阳。后来的某个时刻，母亲重新系上了那件抹腰，而我们依然没有及时发现。

在家的那几天，曾经想为女儿拍一张系着抹腰玩芭比娃娃的照片，因为人来人往，能拍时我忘了，记起来时，女儿又没有玩那芭比娃娃。我不愿琢磨这种动机后面是否有着别样构想。毕竟这照片最终只存留在我的记忆中并没有成真。我现在想得最多的是那次母亲问她的孙女："我到你家去住好吗？"女儿想了想才回答："我家住七楼，奶奶你上得去吗？"女儿没有笑，我也没有笑，唯有母亲在那里开心地笑着，一切答案仿佛都与己无关，就像母亲这辈子所走过的，七十岁、八十岁和一百岁都不是目的，真正属于她的只有这些日复一日，让我这做儿子的想得心疼的实在小事。

那一天，我将女儿叫到身边，故作神秘地问，将你的奶奶借给我当母亲好不好。女儿明白我在逗乐，一边说奶奶本来就是你的母亲，一边像小猫小狗一样快乐地跑开了。所有的青春少女都是在快乐中渐行渐远，直到无影无踪，留下来陪伴终生的都是不再将爱字说出口来的老母，那才是每一个人的至亲。

儿童情人节是哪一天

谁能告诉我儿童情人节是哪一天吗？

这是女儿曾经要我们回答的一个难题。

水果湖一带有座酒店叫白马王子。前两年，那里的菜做得很有特色，只要有聚会请吃，一般都会去这家酒店。那段时间，女儿已经对文字产生了兴趣，只要出门，就会趴在车窗边，盯着外面各种广告招牌，将一些不认识或者曾经认识又忘记的字，一遍又一遍地拿来问。出家门往左转的马路旁边，有家酒店叫泰锦，三岁以前女儿总是认成“泰棉”。我们纠正时，她曾哭泣着争辩，就是泰棉嘛！也不晓得将金字旁和木字旁的区别说了多少遍，她才有些勉强地接受了。白马王子这几个字，倒是没有反复，她只问了一次，就再也没有错过。错的是她对这四个字的理解，有时候是太太逗她，有时候是她自己突然想起来了，问也好，不问也好，反正她是认定，一定要我做她的白马王子。而且还不许我讲道理，为何父亲不能做女儿的白马王子，一口咬定，非要爸爸做她的白马王子，别的任何人都不行。而且我还不能说不，否则，她就会哭得伤心欲绝，非要哄半个小时以上，才能使她平静下来。

女儿心是如何成熟的？

最清楚这一点的是父亲。

最糊涂这一点的也是父亲。

刘晚

也许是另外原因，父亲最不愿意记得女儿的这些变化，从而在意识的系统中，自动设置一道防火隔离墙。

女儿人生中季节最早的红豆就是这样的“白马王子”。

记得许多次从幼儿园接她回来的其中一次，走在路上，女儿突然宣布，父亲不再是她的白马王子了。真正让我感到突然的是，连大床旁边的小床都不肯去睡的女儿，在这不久之后的某一天认真地对我们说，长大之后，她要离开爸爸妈妈，同白马王子一起到外面去住。

我说，那爸爸妈妈怎么办？

女儿说，你们都是大人，就自己住呗！

听着女儿说话，心里的酸楚全变成隐隐的痛，眼泪可以禁止住不流，情感的神经却被湿透了。小小无邪，最伤人心。女儿似乎怕我们不高兴，又补上一句，我会回来看爸爸妈妈的，每个星期都会回来。天真无邪的女儿哪里晓得，她这样说话，如同掬起一捧蓝蓝的海水温柔地撒在我们的伤口上。

这是事实，我明白，女儿也只会在这种年纪时，才会直截了当地指出这天下最让人觉得无奈的真理。看与不看、想与不想都是装腔作势，只有如此装腔作势才是真的在做父亲。我对女儿说，爸爸是妈妈的白马王子，我们在家里互相陪伴，你要是去了很远的地方，就不用每个星期都回来了。

女儿挺像一回事地说，好吧，那就这样。

说来奇怪，自那天以后，家里再也无人提及白马王子这个词。二〇〇六年春节时，一帮上大学的哥哥姐姐回来了，女儿迅速从他们那里学得了情人节的概念，转过身来，就有了儿童情人节是哪一天，这种比脑筋急转弯还让大人难以回答的问题。

女儿问来自有她的道理，既然有儿童节，就应该有儿童情人节。见我们实在答不上来，女儿便像早有成竹在胸地说，你们连这个都不知道，就是二月十三吵！我以为，女儿这样想一定源于儿童比大人小、二月十三号比二月十四号早的类比。哪晓得女儿不是这样考虑的，她说，因为二月十三号这天，是幼儿园开学的时间。

我们笑过了再想，女儿的道理真是颠扑不破，幼儿园不开学，她所熟悉的小朋友就不可能到一起，作为情人节的二月十四号，不就是为了让有情人有一个必须到一起的堂而皇之的理由吗？

二月十三号，在寒假中养成了睡懒觉习惯的女儿，准时在七点钟醒来，重新去了幼儿园。傍晚回来，我故意问女儿，幼儿园里的小朋友是如何过儿童情人节的？女儿认真地回答，万老师刚刚生了一个男孩子，小朋友们都觉得很可惜，要是生个女孩就好了，不会像男孩子那么调皮。周老师没来上课，因为她也怀了宝宝。只有李老师来了，带着小朋友们玩老鹰捉小鸡。如果小朋友们太吵了，李老师就会说，自己肚子里的小宝宝正在长听力。小朋友们便笑着小声地相互提醒，不要将李老师肚子里的小宝宝吵聋了。

女儿说话的样子幸福无比，脸色开得比街上正在热卖的红玫瑰还要灿烂迷人。我想起去年的今天，也是从幼儿园接了她回来，顺便到那条小街的花店里买了一枝送给她妈妈的玫瑰。女儿那时还没有接受情人节这种概念，她只晓得也要一枝这美丽的花儿。我说还是等她长大后再说，女儿不答应，非得现在就要。我只好也给她买了一枝。女儿拿着两枝红玫瑰，一枝是她妈妈的，一枝是她自己的，骄傲地走在更多是提着菜篮与购物袋的女人中间，得意地说，我是你的小宝贝，这是我应该享受的待遇。

那一天，武汉的天空下着小雨，地上有了浓浓的春意。这样的情人节不需要玫瑰，也不需要巧克力。只要情意是清洁的，人生中每一天都可以过得像情人节。

我们的慧根

一个人有没有慧根，这是日常生活中经常谈论，并且习惯用在孩子身上的话题。在说这些话时，没有谁不是表现出天经地义的姿态。实际上，人所认为的慧根，越来越与其本意相违。做父亲的人千万不要认为，自己的孩子比一般孩子的谈吐多几分理性，比一般孩子的认知多几许深度，就可以值得大惊小怪。真的慧根并不仰仗这些表现。

二〇〇六年回家过年，因为要买活鱼做年饭，年三十上午出门去菜场，顺便带上了女儿。县城里没有红绿灯，过马路时免不了要就此特别提醒一下她。女儿当时像是会意了，点点头啊地答应一声后，并没有多说什么。后来想，她那时的小心眼儿一定全用在自己见之甚少的乡村风景上。

女儿看到窄窄的街道，就说，你们这儿风景不错嘛！我用怀旧的心情对她讲，从前的旧街，如果不被拆毁，风情神韵会更迷人。女儿并不在意我的心情，看到街道两旁长着绿茵茵的树苗，又说，你们这儿风景不错嘛！于是我又对她讲起从前，沿街两排大树高耸云天，树冠交汇之下，街道如同一条深不见底的隧道，可惜后来为了让县城亮起来，就把和她父亲年龄差不多的大树全砍伐了。女儿见到每一种与她居住的城市完全不同的景物时，都要表扬她父亲一番。就连顺路钻进街边的一处诊所，买一种以备急需的外用药，发现几个人就在居家环境里打吊针，女儿都要当成美妙的风景，重复那不知重复多少遍的赞叹。

正是这些积淀，使得女儿在返回武汉的那天上午，发出石破天惊般的感慨。我们正在说话，她突然走近来，脸上带着一丝不知哪里来的忧伤朝着我说："爸爸，你在乡下出生，让我好羡慕呀！我在武汉出生，一点儿也不自由自在。城市里有很多规矩。乡下虽然也有规矩，可孩子是自由自在的！"家里的人，哪里听到过小小年纪的人，就说出如此深刻的话，一时间都认为她有慧根。

在我诧异地抱着她时，女儿更加忧伤地问："我们能不能多住一天，明天上午再回武汉？"二〇〇四年的"五一"节，我们带女儿去赣南的外公家，女儿就曾极为伤心地不肯回武汉，弄得她的大姨小姨和舅妈，全都跟着哭红了眼睛。当时情景，要不是因为女儿的过敏体质需要持续治疗，我们真的会留下她多住些时日。女儿再次表示出这种意思时，我担心她会进一步流出眼泪来。那样家里其他人，特别是爷爷和奶奶，一定会陪着她伤感。我不敢说武汉那边还有不少事情在等着爸爸妈妈，这些理由在女儿看来根本就不重要，所以，我唯有紧紧地抱着她，提醒她赶紧多说几声爱奶奶和爱爷爷。

家里人说女儿有慧根时，我就在想，真的慧根往往植于孩子们做出的这类需要大人深思的小事里。

对慧根的感慨使我想起弟弟的妻兄。弟弟的妻兄如今在南京一所军队医院里当总工程师。少年时代，因为贪玩，小学六年级开学不久，他就辍学回家，牵着一头牛上山放牧。秋天一来，到处闻得着粮食的酽香，躺在草地上，舌头一伸，就能尝到那些长在山野间红彤彤的、金灿灿的野生果实的甜酸酸滋味。本以为日子会过得无忧无虑，快活如天上神仙，没想到遇上那场天灾，饥饿像只魔鬼，从早到晚一刻不停地咀嚼着浸泡在焦黄苦水中的肠胃。某一天，他听说，县里有政策，在校学生每天供应一碗米饭，便将牛绳一丢，拿上碗就往学校走去。回到学校，他还不想上课，只在外面看着食堂的炊烟一点点地变成米饭的喷香。第一次，他没有吃上想吃的米饭，因为有决定权的小学校长到县里开会去了。第二天他又去，瘦骨嶙峋的校长问时，他用没有城府的心灵如实相告。校长长叹一声，拉着他的手去了食堂，让炊事员打了一碗米饭给他吃，并要他每天按时到学校上课。为了一碗米饭，他重新回到课堂上。校长到县里开的是初中招生会议。听说考试那一天，进考场的学生还能多吃一碗米饭，弟弟的妻兄也报了名。只要进入初中，一日三餐都由政府负担，虽然还是吃不饱，却饿不着。他没有那样的奢望，六年级上学期的课程他只上了几天，下学期课程也只上了一半，所以，他只想有机会多吃一碗饭。那一年，饥饿太厉害了，县教育局唯恐考试负担过重，招致考生在考场上出事故，小学升初中时只考作文一项，题目是歌颂中苏两国之间的伟大友谊。那时候，一般乡村的孩子哪会去想这样的国际大事，偏偏就他喜欢看《参考消息》，记得其中关于两国的一些事例。他的作文得到了全校最高的九十九分，因而顺利地升入初中。到县城的路有七十里，这一动步就不可收拾。从此家乡人一致认为弟弟的妻兄是有慧根的人。

那一年，弟弟的妻兄在苏南遇上重大车祸，后来诊断，全身仅骨折就有一百多处。他最终活过来，并且没有留下任何后遗症的奇迹，令那位在国内脑外科界被称为泰斗级的大夫感叹不已，说是脑部受伤到如此程度的手术，这辈子一共做了九十几个，奇迹只出现在这仅有的一次上。弟弟的妻兄，说起濒死之际自己的感觉，让人觉得不可思议。那一阵，身在虚妄中的他，不停地在一处山坡上嬉戏。或者是不紧不慢地追着野兔，或者是爬到树上掏那晃悠悠的鸟窝，再不就是捡柴和挖野菜。一切都很熟悉，几乎就是老家屋后，小时候天天要去的地方。这样的回忆，也让弟弟的妻兄十分奇怪。在近两年的康复期，他查阅了大量国内外相关文献，终于了解到，在美国，一位知名心理学家，经过对一些受到脑外伤后死而复生者的调查，得出两个结论：其一，在命若丝弦的那一刻，记忆中出现的都是宛如仙境的山水天籁花草自然，而且无一例外；其二，活下来的那些人，绝大多数童年是在乡村度过的。心理学家因此得出结论：同为严重的脑外伤，乡村中人或者有过早年乡村经历的人，其生存力要远远大于从小就生活在城市里的人。

不管是否有过慧根，我是相信这些的。正月初六下午，有应酬从水果湖一带回家时，天上忽然下起大雪。我没有乘车，独自一人在雪中走完了回家的五公里路程。一路上，我在心里体会着自己在《圣天门口》所写，梅外婆提醒别人的话：多逗逗人家的小孩；每年一定要不戴雨具在雨雪中行走两三次；留心看看花开花谢的样子；经常念一念自己喜欢的诗歌；找点儿时间，一个人呆一会儿。走在路上，想着这些也是对自己说的话，那感觉是多少年没有过的好。

那感觉是多少年没有过的好。后来，我对女儿说，爸爸是有意冒着大雪从水果湖走回来的。女儿一声叫："爸爸，你好快乐呀！"我是真的觉得所有的童年都被想起来了，所有的童年快乐都被重新感受到了，起码在那一刻里，雪花抚平了太多岁月皱纹。说穿了，慧根是一个人从小具备的品性。那么，能不能就此说慧根也是有生命的，也得仰仗自然的乡村和乡村的自然呢？

人性须知

女人是特殊的人。特殊的女人拥有特别的属地和特别的权利。譬如她们做母亲、妻子和女儿之际。

有时候，我会这样去想，身为男人，不管是失去资格，还是从未获得资格，无论何种假设，当其不能以儿子、丈夫和父亲的名义立足人世时，是否就不能叫男人了！可以说，这是一个最容易被日常人生忽略的问题。男人只有以这些身份出现时，才能体会到自己的重要性和不重要性在哪里。

现在，当女儿赖在冬季温暖的被子里不肯起床时，我们就会旧事重提，说她当初就是这样，觉得妈妈的怀抱太舒服了，预产期都过三天了，还不肯出来，害得妈妈只好去同济医院找医生帮忙，在肚子上割一刀。女儿每次听我们说时，就会笑着一撩被子蹦起来，说自己是不是这样跳出来的。女儿的确是在预产期过了三天，查B超，发现羊水有些浑浊，当即决定剖腹产的。我去办理入院手续回来，发现太太不见了，问起来才晓得已被送进手术准备间。经过漫长的等待，女儿终于乖乖地出现了。回到预定的产科病房，将一切安顿下来，生理本能才开始发作，于是就问护士，卫生间在哪里？护士一定是早被这类问题问过数不清多少遍，她很老练地一笑，然后才说，这里没你们的卫生间。我仍像苕一样不知何故时，护士轻盈地提醒，上妇产科里找男卫生间，不是笑话吗？明白过来，我便解嘲地说，难怪这里的温馨病房紧俏，原来是为了方便不是病人的人。

几年后，母亲从乡下来，也在这家医院做手术，因为有在产科找不到男卫生间的教训，早早就在产科楼上的妇科里订下一间温馨病房。说是让母亲安安静静地养病，其中还有做儿子的自寻方便的因素。有两次，在走廊里碰上像我曾经那般苕过的男人内急得不知所措时，还让其使用了本来只让自家人使用的卫生间。

这些还不算什么，最尴尬的是女儿上幼儿园后的第一次亲子活动。那所清一色女教师的幼儿园，提前一个星期将相关事项说明了，就是不记得提醒各位男性家长，提前作打算，园内不设向成年男人开放的卫生间。那天的亲子活动持续了一个上午，从差不多十点半开始，那些当爸爸的便陆续变得烦躁不安。大概都像我，刚开始没想到，等到问题发生了，必须解决时，又不好放下平时见面总是斯文有加的颜面，将这种最不该问的问题去问那些青春靓丽的女教师们。说来也怪，卫生间或洗手间在哪里，是所有公共场所中最为大众化的问题，单单在女儿的老师面前，哪怕爆炸的预兆都有了，也不好意思开口。内急时，我的目光无数次扫过那处供孩子们用的敞开式卫生间。但那只是一种受潜意识支配的条件反射。好在有人比我更急，终于走到女教师面前问了一句什么，然后涨红着脸，快速往院子外面走去。不只是我，还有别人，立即心知肚明地跟了上去，等到穿越整个小区，钻进马路边办公大楼内的厕所时，才将最狼狈的样子显露出来。

做儿子和丈夫也许要简单些，作为父亲，面对比嫩苗生长更加可人的女儿，还有更复杂的事情。女儿所在的幼儿园一直没有在生活区做那最基本的性别区分。女儿年年升级，到了大班后，每当我走到教室门口，招呼女儿回家之前，女儿都会认真地说，女孩子出门之前，一定要先上卫生间。

这所幼儿园是女儿接触到的第一个社会，相比外面的日新月异，幼儿园内除了年年有新老师来，其他变化极少。曾经让父亲们吃尽苦头的卫生间，仍旧没有性别之分。即便是家长接送孩子时，也能看到小男生在那里尿尿，小女生就在一旁洗手，或者小女生在里面蹲着，小男生在外面站着。如果女儿的所说属实，哪怕已经到了大班，哪怕课间休息时，老师总会大声宣布，女生先上卫生间，男生们也不会等到小女生们全部事毕，便开始蜂拥而至。我晓得女儿她们总有省事之时，是哪一天无法预知，却希望这种时刻来得越晚越好。女孩一旦认识到自身的特别之处，心中那块明亮天空里就会浮起一片阴云。

随着说男生太调皮的次数越来越多，女儿终于在幼儿园最后一个学期的第一周里，表现出对与女生明显不同的男生们的不满。那一天，已经习惯在每天入睡前将各种事情对爸爸妈妈说一遍的女儿突然对我们说，今天发生了一件让她很难过的事情。我们紧张地坐下来听她说，原来是班上那个最调皮的小男生，突然从背后冲上来抱着她，在她的脸上亲了一口。女儿的样子真的很难过，她说自己当时拼命地说不能这样，可小男生就是不听。之后还逃到一旁笑。女儿最后问我们，遇到这种事该怎么办？

在大人眼里，这些当然不是难题。可女儿还没成长到洗澡时必须关紧卫生间的门的年龄，我不能对她说，小男生做得不对，是在做坏事，然后用伦理道德法律这类东西来证明不对在哪里，那样，女儿反而会在将来对伦理道德和法律充满逆反心理，毕竟女儿在转眼之间又会同小朋友们开心地在一起玩。我只能告诉相对而坐的女儿，那个小男生一定是喜欢你，想同你做朋友，只不过男生一般都比女生笨，做起事来，他自己以为很好的，别人也就会喜欢。女儿同意了我的看法，因为在家里她一直觉得爸爸比妈妈笨。女儿果然点着那个小男生的名，说他在班上还真有些笨，只有淘气时才不笨。

我一边缓慢地发出一些惊讶长叹声，一边有意放慢语速，给自己多一些考虑的时间。我给女儿讲了，女孩子一定不要当着大家的面指责哪个男孩子，哪怕他真的做错了，也要悄悄地提醒他，千万不要因为对方的错，就以为可以不用顾及他的自尊。一个人喜欢另一个人，是很正常的，不管是女的喜欢男的，还是男的喜欢女的，最好的方式是尊重对方，在对方没有表示可以接受之前，自己越是想做的事，越是不能做。女儿听的时候，目光一直在她的爸爸妈妈之间打量，仿佛我们说的和做的都没什么问题，她突然笑起来，然后欢呼一般说：睡觉啰，我要睡觉啰！

人之所以为人，重要的是人性。那个将女儿吓着了的小男生显然还不是男人，他还不懂得作为男人必须懂得，这个世界上女人的权利是不可侵犯的。医院里的妇科和产科看上去是人所设置，其实是上天在冥冥之中安排的，同时也是一种告诫。

我打疼了自己

女儿第一次提及“危险现场”这个概念时，我心里很不是滋味。

很对不起，很遗憾，也是我一辈子的愧疚。这样说话，也许是天下父亲的心声。别人有别人的原因。在我这里，是因为打过女儿，而且是用力了，在那一瞬间我是真的想狠狠地打她一下。那时候，她还只有两岁多一点儿。如今，每每想起这事，我就会深深地怀疑，那样危险的事情像父亲所为吗？特别是当女儿新近学会使用“危险现场”这个词组后，我便在心里将那一巴掌，当成自她出世以来，最顶极的“危险现场”。

一般来看，孩子成长时，最危险的时候是生病。

女儿出世的第九天，就面临一次她后来所说的“危险现场”。因为先天性原因，女儿脐部发炎了。第一次去儿童医院，就被留住下来。女儿在婴儿室，我和太太住在专门的陪住部，只有在哺乳时，才能与女儿见上一面。按规定哺乳时间只有三十分钟，一般时候，护士们会通情达理地延长到一个小时，再往后就变得铁面无情。那情景一次次地让我想起小时候，从民间听来的两个女人争夺一个孩子的故事，断案的县官竟然让女人们自己抢去。抢赢了的女人还没来得及高兴，就被县官喝令当堂被杖责五十大板。在婴儿病房外的哺乳室里，谁个不像从前那座县衙里的亲生母亲，将生命力脆弱的孩子紧紧抱在怀里，不愿有片刻失去。仿佛间，值班护士成了那个受惩罚的假母亲，谁抱得越紧，她们就会抢夺得越凶。只有怀着无边无际的深爱，天下母亲才会顾忌任何有可能造成的伤害，而宁肯以放手的方式来表达母爱所能够达到的境界。

面对浑然不觉自己已不在母爱怀抱的女儿，刚开始还只是想念。住院后的第三天，部分检查结果出来了，主治医生面无表情地告知，女儿可能有败血症。我们这一代人，上学时都学过《纪念白求恩》，潜意识里有着对无可救药的败血症的无边恐惧。医生刚离开，我就泪流满面，回到陪住处还不敢对太太说。那几天，一有机会我就往医院的九楼跑，有几重门隔着，想看一眼是不可能的，偶尔能听到女儿的大声哭闹就很不错了。我也因此暗暗安慰自己，女儿饿时的哭声，是十几个婴儿中最响亮的。我还发现，护士们没有对女儿特别关照，女儿没被放入保育箱。这些都成了自我安慰的莫大理由。女儿稍大一些后，又因发高烧住进这所医院的普通病房时，有几个小病友的标志牌上写着"败血症"。了解后才明白，此败血症虽然就是彼败血症，因为检查手段的先进，危害性却是首尾两端。

多少年来，不知听多少做父母的说过，孩子生病时，恨不得让自己来替他们疼痛和难受。女儿第一次住医院时，病秧秧连母乳都吃不下，除了啼哭什么也不会表示的样子，却让人不知如何表达。女儿做了两次电烤手术。第一次做时，太太硬撑着非要到病房里看看，隔着几层玻璃，我们只看到女儿的襁褓不见了。正在康复中的太太，撑不了太久。回去歇了歇，再来时，女儿的襁褓已重新出现在小床上。女儿长大一些后，我们喜欢说她的肚脐是金肚脐，那次住医院治疗，花费了八千元人民币。

在当时，做父母的不只是爱莫能助，甚至还偶尔质疑，为什么要让女儿在父母们丝毫不能掌握的境况下任人“宰割”？女儿四岁时，这种情况又出现过一次。

二〇〇四年春天，我在巴黎时，女儿生病住院，匆忙中搭上回家的航班，一路换机，在武汉落地后，拖着行李直接到了病房。然而，等待我的还是与先前一样，女儿被推进手术室后，就被医院里的护工撵到楼下。正是这一次，我强烈地想到，做父亲的怎么能如此轻而易举地，将一个哪怕是健康得活蹦乱跳，也无法应对社会之复杂的小小生命，交付给重重阻隔之下的那些陌生人？因而，我强烈地认为，在数码科技空前发达的当今，即便是监护人确实不能亲临手术现场，只要作为父母的有要求，有关方面就应该在第一时间里提供，从不省世事的孩子进到手术室后，一秒钟也不能间断的音像资料。女儿身上总有一种与众不同。别的孩子做完手术从全身麻醉中慢慢苏醒的过程，有少则两个小时、多则半天的狂躁。大夫的再三提醒并非故弄玄虚，同病房里先做了相同手术的那些孩子，莫不以那看上去手无缚鸡之力的模样，将守候在病床前的爸爸妈妈爷爷奶奶外公外婆，甚至还有姑姑舅舅等等一大帮人，折腾得气喘吁吁。我和太太曾经担心，以我们的能力是否控制得了局面。女儿一点点地醒，一点点地躁。然而女儿没有伸手乱打人，也不开口乱骂人。最难受时，也只是大声地叫：爸爸妈妈，我好难受呀！女儿从没有在哪一声叫喊里，拉下爸爸或者妈妈，大约一个小时多一点儿，她就安静下来，重归了先前那个可人可爱的模样。

与众不同的女儿，在她降临人世之前就深深地影响着我。

女儿出生之前，我就有打算做一件如今很少有人愿意做的事：反正自己的职业是写作，就写一部百万字大部头的小说，如此可以推却可有可无的应酬，用更多的时间呆在家里，顺便陪伴女儿。想想容易，真做却难。女儿出生时，想写的这部小说只写好开头五万字。中国作家协会突然要我去美国访问，人去了心却留在家里，每到一地第一件要做的事就是往家里打电话。从美国回来，进了家门，抱上嫩红嫩红的肉团团一样的女儿，心里一冲动，便匆匆写了一部想为女儿这一代人扫清门槛的长篇小说《痛失》。小说完稿后，本来已签给了上海文艺出版社，却又无法抵挡本地长江文艺出版社的“阴谋诡计”。为了不落下不守信用的名声，我不得不赶紧写了一部《弥天》。接下来发生的问题更加严重：这期间，我为百万字小说再次开头写成的十五万字，其气质与魅力，突然消失了。

在我苦苦寻找，图谋拯救写作之际，当初产科大夫告诫我们必须慎重提防的呼吸道疾病，终于还是在女儿身上应验了。明明就在眼前的十五万字不可挽回地渐行渐远，明明不可能发生的疾病却在女儿身上频频发作。

女儿是剖腹生下来的。由于不是正常分娩，没有受到产道挤压，女儿将来容易患呼吸道方面的毛病。大夫的话一直被我们谨记在心，凡事都不敢有丝毫大意，却还是应了大夫提醒的，俗话所说的那个劫字。

这一年春夏，女儿前后四次住进医院呼吸专科。为了确诊，我们只能听信主治大夫，做了几乎所有的物理与化学方式检查，到后来，就连我们一直坚决反对的胸部透视也不得不接受下来。前几天读到新闻，政府终于订立法规，严格限制儿童接受胸部透视检查的次数。可见先前我们听信的那些传言是有根据的。身心中累积太多的焦急、烦恼、疲惫和无奈，终于在不得不接受的胸部透视检查的那一天爆发了。先前只晓得女儿最不愿意做心电图，她害怕和讨厌那些电线和电极。等到抱着女儿进了放射科，才明白还有女儿更害怕和讨厌的。女儿好像已感到这种检查可能产生的后患，从进门开始就死死搂着我的脖子，别说检查，连放她下来都难做到。也不记得到底是怎么做的，终于放女儿在X光机上后，她突然惊天动地大哭起来，爸爸妈妈四只手也按她不住，第一次挣扎全身就被汗水湿透了。这时候她才两岁多一点儿，还要再过两年她才能接受那种必须全身麻醉才能做的手术。回想起来，女儿也许是将对医院的那种强烈反应提前发泄光了。也不知按了多少次，这期间女儿因为力气透支，也曾短暂喘息了一会儿。那些躲在屏蔽玻璃后面不晓得干什么去了的大夫却千呼万唤不出来，错过这难得时机。等到女儿喘过气来，又开始拼命挣扎时，他们才现身，大呼小叫地催促我们将孩子弄好，后面还有好多人排着队。那一刻，真是鬼使神差，我竟然扬起巴掌照准女儿的小屁股狠狠打了几下。女儿却不管，趁此机会赶紧爬起来，一把搂住我的脖子，哭喊着说："我已经好了，再也不咳嗽了！"

后来，有好几次，我问女儿，爸爸打过她没有。女儿想也不想就说没有。有一次，我对她说，爸爸打过她一次。没想到女儿坚决不同意，说爸爸没有打过我，没有没有就是没有！我赶紧搂过女儿，不让她看到自己的泪花。这才说，是的，爸爸怎么会打自己的女儿，爸爸宁可打自己，也不会打小宝贝。实际上，落下去的巴掌还没收起来，我就觉得一阵心疼，就明白那一巴掌打在女儿身上，最疼处是在自己的心尖上。好不容易做完胸透，从没如此累过的女儿在我的怀里睡着了，回到病房后，掀开她的衣物，小屁股上那道红红的巴掌印，让我痛悔地悄然流了许多眼泪。

也没有什么不好意思的，这几年为了女儿，记不清自己流过多少眼泪。因为后悔，因为感动，因为怜爱，还有什么都不因为，就会有薄薄一层湿润沾满眼眶，然后一遍遍地问，上辈子修行时到底做了多少善事，才使自己今生享有如此恩宠。

那一巴掌真的打醒了自己，一部小说的开头可以是一两次，也可以十几次，只要好，多少次也没事。人的生命却做不到这些，开头了就不能再来。父母只能尽一切责任使其变得美和完美，不能有半点儿恨不能从头再来的念头。

离开父亲眼际的女儿，丝毫没有娇娇女的模样。甚至完全相反，幼儿园里总也免不了会有这样那样的小小争执，这时候总会有小朋友将她叫上前去。女儿处理这些事情的办法非常简单，因为她早早就识得许多字，比别人早些知会许多知识，再就是她记得班上小朋友带来的每一件玩具，只需说出这是谁的，争执就解决了。所以，有时候，不免杞人忧天地替她担心，千万不要从小就养成一个大姐大的性格，女人做大姐大，譬如演艺界的梅艳芳，人缘虽然极好，场面上也极好看，私人生活却过得极累。还差五十天满六岁时，女儿回家来，第一句话就说：今天她们班上出了一件大事，小朋友们全都吓得赶紧逃离“危险现场”。后来我才明白，班上的小男生打打闹闹是常有的事，别人逃开也是为了叫她上前阻止，女儿这样说主要是为了使用她新学会的这个词组。

对于女儿来说，最危险的现场是大夫确诊她被支气管哮喘缠住后的第二次住院。那天是阴天，女儿没有一点儿征兆无缘无故地长咳一阵后，喉咙里很快就有了绵绵不断的哮鸣音。我们觉得不对，赶紧送她到附近一家医院，大夫说要收院，因为医疗关系不对口，我们只想在门诊治疗。大夫犹豫地写好门诊处方后，突然改变主意，让我们快些去医疗关系所在的儿童医院，并提醒说，女儿鼻翼扩张，脖子下缘凹陷，这是呼吸困难的症状，如不能控制很有可能会出现窒息。那一次，我们真的吓得不轻，好在那样的危险并没有变为现实。有些事我也许想不明白，也无法预测，关于女儿，我却晓得，那一巴掌绝对是自己这辈子唯一的遗憾。因为它是我心中永远的疼痛，也是如女儿所说，是我一生中最危险的现场。

有一个节日叫拔牙

我的牙不好，每每看到一些孩子的牙齿烂得发黑，就会替人着急，猜测如此小人儿哪能经得起牙科医生的打理！

牙疼不是病，疼起来要人命。这种要命的滋味只有牙齿不好的人才有切肤体会。曾经在思绪泛滥时设想，人一生中最不能接受的就是将那连接筋骨的牙齿活生生地拔掉。我们这一代，人人都对当年的王景愚在春节晚会上表演的哑剧《拔牙》刻骨铭心，只要提起，任何时候都能引发笑的共鸣。多年前，因为牙疾的反复困扰，我不得不上医院口腔科做相应的治疗。那是我第一次近得不能再近地体察牙科医生们的工作，同时也近得不能再近地感受牙病患者们千篇一律的疾苦。

头一次坐上治疗椅，我紧张得像坐上电椅。明明说过了，还要再三再四地告诉医生，只看牙，不拔牙，将两颗破得不成体统的牙齿补一补就行。到目前为止，我还是认为，在自己经历所有非人的感觉中，最难受的就是牙科医生用那种微小机器，反复在牙床上打磨。那是一种包含了甜酸苦辣，又超出这千般之外的滋味。这么多年，我一直无法从世界上形容词最多的汉语里，找不到一种能完整表达这种滋味的词汇。后来，当我不得不再去找那位牙科医生时，还没进门，只在走廊上听见那微小机器的旋转与摩擦，我就咬住那些好牙，下定决心，宁肯拔牙，也不补牙。因为我的要求，牙科医生用了一个小时，才将我那从牙顶到牙根彻底碎成两半的坏牙扫除干净。

当初补牙时女儿还没出生。到我不得不拔牙时，女儿已经懂事了，能够要求我将嘴巴张得大大的，任由她细细看清被拔过牙的牙齿是何模样。由于太太生就一副不可逆转的四环素牙，爱美的天性让她们母女俩，比一般人更加爱惜牙齿。早上忙，顾不上，夜里刷完牙后，太太一定还要用手电筒照着，将女儿的牙齿仔细地看个遍，还编出家庭童话，将牙细菌分成黄红黑三种，只要说还有一只黑牙细菌，哪怕已经刷过牙了，女儿也会要求再刷一遍。上幼儿园的最初两年，女儿的牙齿一直是班上的骄傲。两排可爱的小乳牙，从未有过一点儿瑕疵。想不到的是，幼儿园第三年，升级到大二班的女儿，会因为这些可爱的小乳牙而不高兴。

记得那一天，随妈妈一起早出晚归的女儿，在楼下按过门铃，等不及上楼，便在对讲机里大声说："爸爸，告诉你一个好消息，我们班上有个小朋友掉牙了！"爬楼爬得气喘吁吁的女儿站在我面前时，将有小朋友掉牙的事情重复了一遍。我听清楚了，那牙齿不是摔掉的，而是孩子成长到一个新的阶段时，必定少不了的正常换牙。

女儿班上的小朋友是同一时期里长出来的同一批苗，该嫩绿时一齐嫩绿，该娇黄时一片娇黄。一个孩子带头换牙，其余的便紧随而来。只要有掉牙换牙的，女儿回家后必定要让爸爸妈妈晓得，偶尔爸爸或者妈妈在外有应酬，稍晚回来，只要记得，女儿就会重申一遍。眼看班上的小朋友几乎都掉牙和换牙了，女儿的小乳牙仍然稳如泰山坚定不移。女儿便不再只为别人掉牙和换牙而高兴，同时也会用能够持续五分钟的忧伤问，为什么我还不掉牙？有时候，太太也会忍不住用手试试注定是要先掉的几颗门牙。有一天，太太在卧室里大叫，说是女儿的牙齿松动了。隔一天再试，那颗似乎松动的牙齿又变得仿佛天崩地裂海枯石烂都不肯动摇。这样的虚惊有了好几次，女儿终于在爸爸妈妈面前一半是伤心，一半是撒娇地哭了一场，一遍遍地问自己，又问我们，别的小朋友都换牙了，我却还没有换牙！

二月七日晚上，太太和女儿又在卧室里大声叫我。这一次不再是虚惊，女儿像过节一样在床上又蹦又跳，嘴里不停地喊：我要换牙啰！我要换牙啰！女儿左下门牙位置上终于长出一颗恒牙。原先的乳牙却没有松动。太太当即说，现在的孩子吃得太精细了，几乎都得靠拔牙来替代自然脱落。我们在一起商量，明天一早去儿童医院看看。问女儿的意见时，她先问，拔牙疼不疼？听说可能有一点儿疼，女儿就要我们放心，自己一点儿也不紧张。女儿的样子的确如此，她还一本正经地教我在日记上写道：女儿的恒牙终于长出来了，乳牙却没有动，夫人很着急。夫人说，明天就去儿童医院拔牙。我在她的话后面，再添一句：拔牙对她来说是不是节日，明天就清楚了。

第二天一早，我们就从江南的武昌往江北的汉口赶。大概是正月间轻易不上医院的习惯还在，平常时节总像上午九点钟的菜市场的儿童医院，难得有此种门可罗雀的样子。办完医院里那些必不可少的手续，带着女儿直奔口腔科。

等待的时候，女儿像领导干部下来视察一样将两个正在治疗的孩子扫了一眼，然后在那里自言自语：拔牙就是疼我也不怕。一位在平时只会看专家门诊的老年医生让女儿在治疗椅上坐好，只看一眼，满打满算不会超过二十秒钟，就扭过头去开治疗单。虽然没有看时间，但我离开女儿决不会超过五分钟。我去交费的地点同在三楼，也没有排队，况且是一溜小跑。等我交清了三十元治疗费返回来，女儿已从治疗室里出来，大模大样地站在候诊室中央，嘟着嘴巴冲着我笑。

不只是我，太太也没想到女儿这般骄傲，正是拔完牙的样子。太太只接了一个晚来的拜年电话，便像我一样错过亲眼目睹女儿如何在拔第一颗乳牙时的小英雄模样。

那天上午，咬着一团消毒棉的女儿，碰到任何一个熟悉的人，都会在第一时间里告诉对方：我拔牙了！说话时，还会飞快地张开嘴，再飞快地闭上。在爸爸妈妈面前，女儿说得最多的是另一句话：我是不是长大了？我们当然只能回答说，女儿又长大了一点儿。女儿不管自己长大了多少，只要是长大就行。

女儿还想好了，幼儿园开学那天，第一件事就是告诉小朋友们，她也换牙了。女儿还预计，小朋友们肯定会齐声欢呼，女孩子们还会上前来亲她。我故意问女儿，小朋友们会不会放焰火庆祝？女儿摇摇头说，那倒用不着，又不是节日。她将那颗乳牙包好，亲手交给我，还说，送给你作个纪念。我真的有些受宠若惊，情不自禁地对她说：我会将女儿拔牙的这一天，永远当成一个父亲的节日。

惊喜是一只红苹果

做父亲时，我算是很精细的，总想提前做好各种准备，来应对成长的女儿那些比脑筋急转弯还让人头疼的问题。可事到临头，女儿还是像花儿绽放一样，让我惊讶。有天傍晚，我从东湖边散步回来，隔着一条马路，就看到女儿站在院子门口。女儿也看到了我，远远地高举着双手。门前这条马路上，大车小车跑得飞快，路人横穿，往往要等上好久，才能找到相对较为安全的缝隙。好不容易走到女儿面前，亲昵一阵，女儿就跑到一边同小朋友玩去了。

在我正同太太的同事说话时，女儿忽然从身后钻出来，附在耳边说："爸爸，你能不能给我三百元钱？"

我听得一惊，没顾得上问她的用处，就说："小宝贝，三百元是很多很多的钱哟！"

钱多钱少的道理女儿明白。我和太太规定，每个周末去麦德龙采购，女儿可以选择一件她喜欢的东西。一开始，女儿总是要选芭比娃娃，我们告诉她价钱太贵，女儿就主动变为只选十元以下价格的零食，并且，每次都会在类似的几种零食面前反复比较，最终放进购物车里的，往往是价格相对便宜的一种。

所以，听我一说，女儿马上改口："那你能不能给我一百元钱呢？"

我说："一百元也很多呀！你要这么多钱干什么？"

女儿说：“我要给老师一个惊喜。”

听她叙述之前，我在心里先叫了一声：不好！社会上最为不良的风气，怎么会如此早地侵蚀一个还差几天才六岁的小女孩哩！我将女儿抱在怀里，也将忧虑藏在心里，继续轻轻问她。没想到女儿说出一件让我更为诧异的事情来。

前几天，女儿所在的幼儿园，大概是搞幼儿体操检查，她班上有三个小朋友做得不好，全班只得到七十分。代理园长便按奖惩规定，从作为班主任的那位老师的工资中扣除了三百元。女儿叙述她所了解到的事情时，一般不会错。虽然我怀疑这三百元是否真的全部算在一个老师的账上，此时此地这已经不重要了。重要的是，老师有否仔细想过，将自己受到的惩罚，告诉全班的小朋友，这样做合适吗？无论如何，也会让人产生联想，这是一种迁怒他人，给孩子们施加了不当压力的不良行为。这些想法我也是后来才有的，在当时，我只顾听女儿说，她见老师心情很不好，就跑上去悄悄地告诉老师，明天她要给老师一个惊喜。

女儿所说的惊喜就是回来找我要钱，填上老师被扣除的那一部分工资。我当然不会同意。可有些道理太早说给女儿或许更加不妥。

我只能说：“爸爸的钱也是工资，若给了你的老师，那不是像院长扣了爸爸的工资吗？”

女儿说：“可我已经告诉老师了。”

我还是坚持说：“除了过年时，长辈给小孩压岁钱，年轻人给老年人孝敬钱，大家都不能随便给别人钱，也不能随便接受别人给的钱。”

女儿明白自己的主意不行时，就有些着急了。在女儿面前，我一向是言出必行，同时也一直要求女儿也如此。女儿说了要给老师一个惊喜，就应该将这个惊喜付诸实施。

我问女儿：“有没有对老师说，惊喜就是给她三百元钱？”

女儿说：“没有，要是说了那就不是惊喜了。”

我就说：“这样就好，你可以想想别的办法，送一个可以安慰老师的小小礼品。”

女儿一眨眼就想出一个主意。回家后，我们一起从水果筐里挑出一只最大最红的苹果，洗净了，再用保鲜袋装好，小心翼翼地放进书包里。就这样了，临睡时，女儿还要我提醒她，明天上学时可不要忘记了。今早起来，女儿先将书包打开，见苹果还在，这才放心去做那洗洗漱漱的事。

看着女儿欢天喜地出门的样子，我心里却没底，不晓得这苹果带到幼儿园后，因为工资被扣了一大块而格外不快的老师，是不是真的感到惊喜。假如老师连笑都不会笑一下，女儿那份比其年龄要大许多的同情心，会不会遭受重挫？女儿的老师怀孕几个月了，女儿已懂得，这时候，妈妈要多吃水果，将来生的小宝宝才会漂亮。在一个做父亲的男人看来，这才是天下最珍贵的礼物和最大的惊喜。我以我的身份和心情祈望，女儿能得到一个她所渴望的惊喜，像苹果一样圆润，像苹果一样灿烂。

别在停电时问这个问题

别的父亲是不是如此不晓得，反正我就是这样。守着女儿，做父亲的心中最不知所措的便是她的成长。三岁以前，我是盼着女儿快些长大的，因为所有做父母的人都会说，孩子长到四岁以后，就会少生许多病——这对过敏性体质的女儿是何等重要啊！女儿虽然有一个大哥哥，可他从小就健康得让我对医药知识的了解，只限于婴儿素一类。女儿长到三岁后，果然就从纤弱的小人儿，出落得有些亭亭玉立的模样了。做父亲的高兴是理所当然的，偶尔不高兴也便成了理所不当然。记得那天晚上，紧挨着华中电管局的这一带也罕见地停电了。

难得有点蜡烛的时候，女儿很兴奋，但也有些害怕那在烛光下反而显得更黑的屋子。偎在我们怀里的女儿话特别多，说着说着，便又重新提起，她何时开始独自睡到小南房去？这是女儿一直不肯回答的问题。这一次她的理由是："妈妈，你别在停电时问这个问题！"

女儿和天下所有孩子一样，天天都在盼长大。还没到上学年纪，就吵闹着要买上学时用的书包，有一次我笑她都有三只书包了，她马上纠正说，不对，是四只。女儿的确早早地就拥有四只书包，又因为比一般孩子多认识一些字，所以她特别喜欢像老学究那样，盯着那些上了学的大孩子们提问。最著名的一次是在几家人的聚会上，那时她还只有四岁多一点儿。朋友的小儿子正在上小学四年级，且不说他父亲如今是国际知名的数学家，单就母亲是武汉大学数学系毕业，就足见其家教必定很优良。女儿不理会这些对她来说完全是身外之物的因素，当着大家的面，非要考一考那位小学四年级男生。

小男生也是男人，众目睽睽之下哪能不接招！

女儿上来就问他："什么地方最冷？"

小男生想也不想就说："南极。"

女儿说："错，是宇宙。南极才零下八十多度，宇宙最冷的地方有零下二百四十多度。"

这个问题，女儿曾经问过我，那时她也将南极当成最冷的地方。听我说宇宙更冷后，她就记住了。

女儿再问小男生："世界上什么河最长？"

因为有前面的宇宙作为参照，小男生再次迅速回答："银河！"

女儿又说："错，是尼罗河。"

满屋的人哄堂大笑，说一会儿天上，一会儿地上，教人如何应对。女儿谈天说地，挥洒其间，想到哪儿就是哪儿，全不顾别人的思绪已有了一定之规。女儿大概是得意了，下一个问题是数学问题："七加十二等于多少？"已读到小学四年级的小男生这时还没到最气愤的程度，只是呀地怪叫了一声。女儿却当成他不会做这道题，答不出来，于是说："两位数太难了，那就来容易一些的，只考个位数，七加五等于多少？"小男生觉得再也不能忍受这奇耻大辱了，扭头叫了声妈妈，一下子跑开了。

女儿是有名的"问题虫"，这个名字是她班上小朋友告诉我的。

就是这个“问题虫”，一直不肯回答她妈妈的那个问题。有时候，我们也以为，女儿会像太太一位女同事的女儿那样，上小学二年级了，还天天往妈妈的被窝里钻。说笑之间，女儿又长大了些。有一天，她突然在家里宣布，等到六岁生日那天，就开始一个人睡。真没想到，这一次她是当真的。三月一日晚上，女儿再次宣布从今天起，她要一个人睡小南房。我们都很惊讶，女儿是三月底过生日，还没到时间哩！女儿却坚持说，反正已经到三月了，就今天开始吧！临到上床睡觉时，女儿将自己睡了多年的小床丢给心爱的北极熊，她要我们别将房门关得太紧，留一道缝，还要求在客厅里亮一盏小夜灯。不晓得女儿哪来的决心，从这一天开始，她就没有再反悔过。偶尔她会在起床上卫生间时，爬到我们的大床上撒一阵娇，一遍遍地说着“我爱死你们啦”等极夸张的话，然后就像记起什么诺言似的，一掀被子，又小跑着回到已经属于她的小南房里。

自从独自睡觉后，女儿长大得非常快，才一个月时间，她就养成了一到家就钻进小南房，或是做手工剪纸，或是趴在床上和桌子上看书，不再像先前，一刻不停地缠着爸爸，就连那最爱提的问题也很少提了。弄得我都想反过来问问她，这就叫成长吗？女儿与妈妈分床睡觉，标志的是人生童话阶段的结束，接下来她就要面对能够产生记忆的童年了。

第一次毕业

这一天只属于女儿和她班上另外三十个小朋友。

因为这一天的女儿和她的三十个小朋友将从幼儿园毕业。太太在家给她化好妆后母女二人先去了。

正好是一个月前，幼儿园里举办女儿在此的最后一次儿童节联欢活动。那天女儿回来时非常遗憾地告诉我，此次联欢活动，因为场地所限，只能去一位家长。又因为我不能为她化妆，所以只好让她妈妈去了。事实上，那次活动并非像通知中所说，控制得那样紧。女儿后来再次遗憾地告诉我，守门的保安，根本没有检查家长们是不是持有幼儿园发下的那张小纸条，就让大家进到那座华中地区电力控制枢纽大楼里。虽然后来从录像中欣赏到女儿小模小样的演出，毕竟比不了身在现场，能感觉自己是在和女儿一起唱歌跳舞。所以，在毕业典礼举行之前，女儿和太太再次问，如果幼儿园仍然只让去一位家长时，我不等她们说完，就表示，这一次无论如何我也要去。所幸，毕业典礼就在幼儿园内举行，没有了先前的那种限制。

等到帮忙做家务的杨嫂来了，我才出门。到幼儿园时正好九点半。毕业典礼刚刚开始，就让太太代表家长讲话。没料到她竟然瞒着我写了一篇美文，在孩子、老师和家长面前，将那些年轻的妈妈们念得泪汪汪的。最感动的是大班的小朋友一起朗诵《毕业诗》

时，所有老师都流泪了。诗写得一般，但在此情此景之下，不动情几乎是不可能的。女儿和她的那些小朋友，还是一如既往，将毕业典礼当成四年来不断举办的种种幼儿娱乐活动中的一种。大人们在一旁多半是欣喜，少数是感怀地流眼泪，小家伙们不管是坐在一起，还是站成一堆，该淘气和该嬉闹时，仍和往日上课和课间休息时那样。

太太说得真好。女儿进来时，才两岁多一点儿，老师在家园联系手册上写的第一段文字是，表扬小刘晚很能干，别的小朋友都要老师喂，她却一口气吃了三碗饭，若不是老师不让，还想再吃。四年下来，女儿懂得了许多，人也出落得像个小美人了。毕业典礼上，她用钢琴弹奏的《朝鲜小夜曲》也是她自己选的，尽管太太建议她选别的曲目，可她还是坚持要弹这一首，还说与前面小朋友们所跳的舞蹈《大长今》正好相配。女儿有一种同龄孩子还没达到的情感，这一点只是其中之一。一般孩子不会弹这首抒情曲，她在家有事没事就要弹这一曲。单从表演性来看，这种没有秩序的场合，轻快活泼的曲目效果肯定要好许多。女儿的选择，正是她与众不同之处。从钢琴上下来，女儿牵着裙边，行了一个芭蕾舞风格的谢幕礼，惹来一片喝彩声。有小朋友的妈妈和爸爸，更是在我面前赞叹不已。在心里我很满足，嘴里却说，这个动作学了三年。

太太的演说中，还引用了女儿亲手所写的一段话。那个周六，我出差到了北京，因为某种教材的出版问题需要商谈，太太不得不将女儿带去了省教研室。太太与相关人员谈事情时，女儿就在省教研室的电脑上玩，也不知她是如何想到的，竟然就有了给老师写信的念头。按说女儿对电脑并不是太熟悉，平时在家，我和太太达成

Nver shi Fuqing
qianshi zhaixia de meigui

了一致，尽可能地让女儿少接触电脑和电视，而多读书。女儿也的确如我们所愿，早早对书籍产生了莫大兴趣。那一天，女儿却在教研室一位阿姨偶尔点拨下，用汉语拼音在电脑上写下一句献给老师的话：毕业总是伤感的，可我们总是会见面的！这一点也印证了，如今的孩子对电脑的应用几乎可以做到无师自通，而毋需让他们耗费太多时间。太太念出女儿写的这句话，让在场所有的人都笑了。

孩子们的节日就是如此，让成人们不断地在感怀与快乐中翻复。在孩子中间，我们并非觉得自己正在老去，相反女儿的每一个行动与表情都让父亲感受到生命的青春仍在洋溢。在女儿的毕业纪念册上，留有永远属于爸爸妈妈的三十一个孩子稚气十足的签名，最生动的是那位叫张景瑞的孩子，他将自己所姓的张字写反了，弓在右，长在左。

在纪念册上，女儿所称呼的大李老师写道："忘不了那个将'大灰狼'扮演得惟妙惟肖的女孩，忘不了那个做事永远那么认真的女孩，忘不了那个酷爱看书的女孩……愿你永远快乐，可爱的小姑娘——刘晚，勿忘爱你的老师们！"小李老师给女儿的留言是："无论走到哪里，有一个小姑娘手里永远拿着一本书，那么聚精会神地看着，真让老师担心的是那副厚厚的眼镜！可爱的小刘晚，希望你快乐无忧地长大！"平时女儿嘴里念得最多的万老师最后对她说："我曾希望拥有一个小女儿，像你一样漂亮，像你一样自信……我喜欢你的笑容，喜欢你讲的故事，喜欢你的孩子气。相信有一天我能自豪地对别人说：我当过刘晚的老师！"

这位名叫万霞的老师，最后对孩子们说了三句话，希望这些被自己用四年时间一点点带大的孩子，一定要记住老师们从一开始就要大家记住的话：

任何时候都不要说谎话；

任何时候都不要拿别人的东西；

任何时候都要将自己心爱的东西与别人分享。

这样的话，即使在我们这些成年人听来，也同样是平凡而伟大的真理。

两个小时的毕业典礼，任何矫情都无法存在于那段时空。好在女儿让我带了一些自己的小说集去，当着面签名送给了这些老师们，要不然还真不晓得如何回报这些因为教给了孩子们可爱，而使自身变得可敬的美丽的老师们。

如此，不能不又觉得，这样的日子是属于所有对未来充满憧憬的老年人、成年人、青年人和我们在家里总是亲昵地将女儿叫做小人儿的小人儿们。

这一天我们这个家由女儿说了算，她要吃麦当劳，我们就跟了她去。她要再看一遍《冰川时代2》，我们也陪着她看。所有这些皆因为我们既看到了生命的过去，也看到生命的现在，还看到了生命的未来。

谁比妈妈更伟大

面对女儿那总也没有止境的古怪问题，我终于想到一个可以好好考一考她的问题。那天早上，女儿刚刚醒来，正在床上瞪着眼睛不知想何事情时，我赶紧问她：谁比妈妈更伟大？女儿一笑，有些轻蔑地回答说：当然是地球呀！这样说不是没有道理，当今的孩子个个信奉绿色懂得环保，晓得地球是全人类共同的母亲。可我说的是家里的人，让女儿选择的也只是家庭中有着血缘关系的这一群人。于是女儿在我面前轻轻地撒了一个娇然后说，那就是爸爸你呗！于是我对她说，你也有答不对的问题吧，你最早学唱的一首歌谣，有这样一句话，妈妈的妈妈叫什么？女儿赶紧说是外婆。是呀，世界上只有妈妈最伟大，那生下妈妈的外婆不是更伟大吗？女儿明白过来，直往我怀里拱，用一只毛茸茸的后脑勺，顶着我的下巴。这是她在害羞时惯用的方法。

曾经写过这样的一段文字：

感觉里，外婆是在雪花飘飘的季节来到这个世上，又在雪花飘飘的静谧里安详地长睡而去。外婆一生对雪如痴如醉，常常让我在盯着她看时亦如痴如醉。外婆临去前的那个冬天，下了一场几十年不遇的大雪。雪是从头天傍晚时开始落下的，望着鹅毛雪片，外婆用一种我从未听见过的娇柔的声音轻轻地自语：明早可以睡个懒觉了。我相信这话不是对我们说的，而是说给那个已随岁月远去的人。第二天早上醒来屋里不见外婆，开门后，见一行脚印孤零零地伸向雪野，在脚印的那一端，包着红头巾的外婆，化作一个小红点儿，无声无息地伫立着。家里人都没去惊动她，甚至连她踏过的雪地也不去打扰，任软茸茸的一串小小脚窝，几分优美，几分凄婉地搁在那里。外婆年轻时的照片在过去流亡生涯中全部遗失。但是，下雪的那个早上，我又一次让自己肯定了外婆少女时代那超凡脱俗的美丽。我曾不止一次想象着美丽的外婆冲出闺阁的小楼，穿着白色裙裾，不顾曾祖父、曾祖母的反对，翩翩迈进女子师范学校时的风姿。我曾想象，外婆与英俊潇洒的外公相遇相亲相爱，并结为连理的浪漫情怀，我甚至大胆地假设，外婆与外公一定是在雪地里相识的，在我想到这一点时，我清楚地感觉到那两道目光碰撞的那一瞬间的震颤。难以想象的是，在外公早逝之后，外婆坚强地满怀悲怆生活下来的景况。

失去了外公的外婆，从此住在一幢大房子里，潜心培育着父亲，后来，外婆的房产被没收，搬进平民区，从此过起俭朴的日子。光景不长，这种自食其力的平淡日子便被打破了，随着一场又一场政治斗争及运动的频频席卷，外婆和父亲开始了流浪生涯。具有双重坏出身的父亲，理所当然地成了挨批、挨斗、挨整的改造对象。

父亲遭批判，外婆便每天跟着他走街串巷陪斗。看儿子在台上被人苦打侮骂，外婆便用针刺自己的大腿，仿佛这样便可将父亲身上的疼痛转移到自己身上。父亲在很长时间内不知道，当他得知这事以后，曾跪在外婆的面前将他这一生的眼泪都哭干了，直到外婆死，他也没有落过一颗泪。父亲像老鼠被猫玩够了，那些人便将外婆和父亲下放到北方一个偏僻的乡村，住在一间茅草棚里相依为命。在夹在山沟中的坑子里，于深闺书香中长大的外婆开始学着做各种农活:养鸡、种地、挖野菜,过着往往只有在米饭中夹着野菜、番薯、豆类等,才得一饱的日子。

奇怪的是,在那群山起伏、鸡犬相闻的宁静中,外婆比以前更加丰润美丽起来，岁月的风霜一点也没有摧去她那美丽的气韵与高贵的风范。甚至外婆养的鸡也比别人养的鸡下蛋勤,外婆种的白菜、萝卜个头也比别人家的大。

外婆的这份美丽，很快使得自己必须带着父亲第二次踏上流浪生涯。外婆并不惧怕强人。村里的强权人物曾数次将父亲安排去看地瓜或修水利,然后便在一个深夜来到外婆的茅草屋里坐下来。一开始是以将外婆安排到村里的仓库去住为利诱，随着便是有权有势的男人对付弱女子惯用的强暴。外婆用她那只纤细的手指着门口,再从牙缝里迸出三个字:请出去！那种气质的力量,使得他再也不敢上门。

这段文字出现时,女儿还没有出生。甚至连她妈妈在哪里我都无从知晓。

之所以必须有这样的文字,完全是因为内心需要。成长到如今,许多的岁月过去，许多曾经让我心动与心碎的羡慕都无法持久,譬如,小时候,我最羡慕的是有朝一日我要独自一人吃一碗蒸鸡蛋。让我持之以恒,从未有过改变的,是我对别人的外婆的羡慕。因为,我这辈子再无可能冲着一个女人，叫一声外婆了。在我们这一代出生之前,奶奶和外婆便早早大行。成年之前我一直认为,天下最美妙的称谓只能是外婆。这种无法弥补的遗憾,在我成年之后,反而愈演愈烈。稍早的那些时间里，这种情感上的缺陷总是被人从我的小说中阅读出来。

所以，那篇虚拟的文章还要继续往下写：

在童年中，周围的老人几乎都是不识字的，唯有外婆是个例外。外婆不仅识字而且还挺有学问。上小学时，有一阵我怎么也分不清鲜和艳字，总是将它们搞混了，用鲜作艳，用艳作鲜。为这事外婆揪着我的小耳朵说过几次，可我仍然转眼就忘了。

那一回，当我又写错了以后，外婆真的生气了，罚我将每个字写五百遍。我哭哭啼啼的半夜才写完。一直没做声的外婆，这时将我拉到怀里，一边给我洗脸，一边对我说："饿了吗，想吃什么？"我说："不想吃！"外婆说："那就喝点儿汤。"外婆说着就端来一碗汤，我尝了一口，味道真是好极了。我问外婆这是什么汤，外婆让我猜。我猜了半天没猜着。外婆这才告诉我，说这是用鱼肉和羊肉混合后做的汤。

外婆说，鲜吗？我说，真鲜。外婆说，你再想想它为什么鲜，因为它是用鱼和羊做的！外婆这解释真是妙极了，从那以后，我再也没有写错鲜艳二字。用现在的话来说，外婆具有大专学历。外婆小时候，上过小学，读了几年家里就不让她读了。后来，外婆碰上了将要成为我外公的那个人，他极力劝外婆去读女子学校。外婆同家里说时，遭到一致反对，都说女孩子读点儿书识点儿字就行，关键是要将针线活学好。外婆不和他们吵，自己把自己关进房，拿了一块布一门心思地绣起花来。

外婆绣的是黛玉葬花，她在房里一坐就是三天三夜，不吃饭不喝水也不睡觉，甚至也不流眼泪，见人来劝时她反而先笑，笑得劝的人反倒落起泪来。饿了三天的外婆，越发楚楚动人，见到她的人没有不生怜惜的，长辈们没办法只好发话任外婆去，并说看她读那么多书日后有什么用处。外婆毕其一生，只爱读一本《红楼梦》，连她自己也说不清读了几百几十遍，外婆不爱贾母，也不爱王熙凤，唯独对林黛玉特别钟爱。她常常对我和妹妹说，年轻时，她将林黛玉当做自己的姐姐和妹妹，生了父亲以后，她慢慢又将林黛玉当做自己的女儿，现在她又将林黛玉当做自己的孙姑娘。

外婆称赞女孩子时，从来只用一句话，说你长得真像林黛玉。由于外婆特别的气韵，她在女孩子心中显得很了不起，她们也跟着外婆说，你是个薛宝钗。外面的人不晓得，这是一句贬人的话。读《红楼梦》时，每逢到了黛玉葬花那一章，外婆总是哭成个泪人儿，而一旦到了黛玉魂断潇湘时，外婆便哭得死去活来，常常两天不思茶饭，只知道长吁短叹。所以，一家人里谁都怕那个第九十八回，一旦外婆拿起《红楼梦》以后，不管是谁外出，一到家总要先打听还差多少读到九十八回。

从我记事时起，外婆这样的“死”，每隔一阵就要来一回。只要外婆一翻开九十八回，再晴的天气，我们家也是一片忧郁的愁云。父亲很小时，周围的人就问外婆将来给他找个什么样的媳妇，外婆说，不管怎么样，我决不当贾母。父亲长到二十岁时，便开始领女孩子上门来请外婆认定。外婆看过之后，总是说，这是个王熙凤，那个是薛宝钗。父亲知道外婆要的是林黛玉。他又找了一个女孩领回来。这之前，他请别人评价过，大家都说这是一个活生生的林黛玉。谁知外婆见了以后，却说她不是林黛玉，而是秦可卿。直到有一天父亲将母亲领进家门，那时母亲刚刚从大病中恢复过来，脸上的嫩红还可以看出那痛苦的痕迹，母亲穿着一身素色衣裤，纤瘦文弱的一副样子一出现在屋里，外婆便忽地眼睛一亮，禁不住地走上来，拉着母亲的手，也不知是悲是喜，眼窝竟真的潮湿起来。不过，外婆当时并没有称她什么，只是说了一句：这一生只要我在，就决不会让你再受人欺负。

母亲后来对我们说，当年外婆讲的那话，她一直认为实该是对林黛玉讲的。天下的真女孩只有黛玉一人，这是外婆毕其一生而得出的结论。

坦率地说，后来与女儿的妈妈第一次见面，第一次看她一眼，她也第一次看我一眼，我便在那一瞬间里决定，这就是我这辈子要娶的女人，根本原因也在这里。在过去的日子里，我心里积淀了太多对外婆的想往，包括虚拟中外婆对一个男孩子的关爱与抚育。在与太太相爱之后，才晓得太太真的有过一位神似我那虚拟记忆中的外婆。她给我看过那张仅存下来的相片，外婆与外公在二十世纪四十年代的模样，竟是如此熟悉，就此开始，外婆在我心里也变得实在起来。

第一次随太太去浙江义乌探亲时，我就在外婆曾经住过的旧房子外面久久徘徊，正是黄昏时分，那种感觉竟然分不清眼前所见所闻，是真是假，是自己走进了自己的写作里，还是写作中的梦想所布下的一个美丽陷阱。正是那一次，让我下定决心，婚后一定要一个女儿。再次见到那所旧房子时，女儿已经上小学一年级了。旧房子已经更旧了，那魅力一点儿也没有减少。

我很清楚，用不了多久，女儿就会懂得如下的文字：

一个人的一生倘若能真正做到淡泊名利、清心处世，实在是不容易。然而，外婆却用其一生的品行实现了这一点。出身富贵却历经盛衰无常的外婆，对人生得失领悟成定数。她曾说《红楼梦》只有两个人不是俗人，那就是宝玉、黛玉，其他的人多为铜臭所惑。

外婆的嫁妆里被她视为最珍贵的是十几幅清代字画和一些古瓷器。后来房子被没收，这些心爱之物也在辗转迁徙之中一点点地流失了，最后保存下来的只有四五幅字画和两个青瓷花瓶。然而，在那"横扫一切"的年代里，面对抄家的威胁，外婆一气之下将几幅价值很高的字画埋进屋外的荒地里，并用石块垒了一座无言的墓碑。那时，满面泪水的外婆面对父亲惊疑的目光说，我宁肯自己亲手毁掉这些珍宝，也不让那些人玷污了它。而这些事情，外婆在后来的岁月里只字未提，哪怕是那些文物贩子当着外婆的面说某某的画值多少万元时，她仍是那样似乎一切都不曾有过的沉默着。

外婆也并非对一切都不在乎，凡是她真正视为生命的东西如果被损坏了，则后果又不堪设想。八岁那年，我乘外婆不在家时，翻开了她那只平常不让我们靠近的红色小皮箱。皮箱里有她出嫁时的首饰，有几幅年轻时与外公合拍的照片。翻了一阵，我被一只白色雕花烟斗吸引住了。我想外婆又不吸烟，留着这东西做什么呢！

我将它装进口袋一溜烟地跑出去，在同伴中炫耀一阵后，又和同伴一起打开了水仗。当我回家后准备将烟斗放还到皮箱里时，才发现那烟斗不见了，我不敢声张，偷偷地问小伙伴们是否拾到，当我一无所获以后，又想这没用的东西丢了外婆不会知道的。

谁知外婆第二天下午就发现了。她那惊慌失措的样子就连父亲也是第一次见到。那天我放学一进门，见外婆端坐在竹椅上，脸上的那种惨白让人不敢看第二眼。一旁的父亲冲着我大声呵斥："是不是你拿走了皮箱里的烟斗？"我犹豫了一会儿，眼见躲不过便只好说了实话。当外婆知道事实以后，立即绝望地大声唤了一人的名字，然后就昏死过去。外婆醒后说的第一句话是：烟斗不是掉的，是他拿走的，他想我，要我过去陪他！

为了找烟斗爸爸和妈妈动员了所有邻居的孩子，光是送给他们的水果糖就有两三斤，然而，烟斗再也没有回到外婆身边。外婆用那游丝般哀怨的声音说：人啊，我以为可让留有你气息的东西伴我入土，看来这最后的希望也没有了。为了安慰外婆，父亲专门到省里找了一家文物商店，请人做了一只与先前那只相差无几的烟斗，然后对外婆说烟斗找到了。外婆看着烟斗，努力地对父亲笑了笑。

那一年，外婆终于彻底衰老了。病危之际，外婆最后拿出那只假烟斗，反复看了一阵后说，我很爱这个烟斗，就让它伴我入土吧，我这一生有缘和你们组成一家，并得到大家的爱，我都心领了！这话让我们立时哭起来，明白外婆她其实早就晓得烟斗的秘密。外婆在雪夜里安详地睡去，那场大雪是我从未见到过的，原野上洁白得见不到一处灰暗。我上书店里买了一套油墨喷香的《红楼梦》，将它们折成纸钱模样，然后一张张地烧化在外婆的灵前。我在心里告诉外婆，往后每年的这一天，我都会送一套新书让她细细地阅读。

前不久，与朋友聊起来，说起外婆，几个大男人立即收拾起嘻嘻哈哈的表情，一个个充满神往地说，外婆是所有孩子的天堂。这样的天堂对我来说从未有过真实的存在。想不到，女儿也将终生带着这样一种缺失。如果她有一个真实的外婆，以她那滴溜溜地转得飞快的小心眼儿，肯定会联想到，只有外婆才会比妈妈更伟大。所以，我坚决不让女儿去读那删节得只剩下铜臭的所谓儿童版的《红楼梦》，我担心女儿会由此混淆童话里的狼外婆，与比妈妈还要伟大的外婆的区别。尽管曾经有过这样或者那样的说法，但我还是相信，只要不是另有所图，天下之青少年，没有不喜欢《红楼梦》中贾母对黛玉以及金陵十二钗的疼爱。只要是孩子，能有这样一位外婆为什么就不是幸福哩。即便是被我念念不忘的这些文字，时至今日也还令我感动不已，并且每翻看一遍，就会有一种由衷的满足。从未有过外婆的我和今后也不可能拥有外婆的女儿，只要懂得外婆在我们的生命中所象征的意义，也许并不比别人少太多。

在回家的路上长大

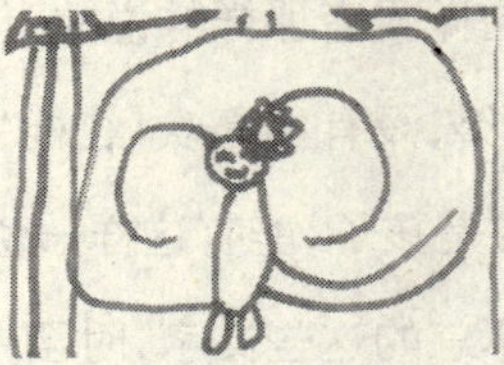

一般聪慧的孩子在别人看来，父母会很轻松，其实正相反。

女儿大了。女儿上小学之后，我经常忍不住要对她如此说一说。除去一些情不自禁的喟叹，这样与她说话，在心里，更多的是想借此来激励她，让她更独立，同时在安排自己学习和每天的起居上更加自律。女儿的确做得很好。时常听到别的家长在一起抱怨，孩子才那么小，却要每天做作业到晚上八九点钟。可女儿老爱在家里反讽一样地叹气说，老师布置的作业真少，我一会儿就做完了，为什么不多布置一点儿？上学后的第二个星期，有一天她趴在桌子上到了八点还没下来。初时还以为作业上有问题。想过去问问，她连忙用手捂着，不让我们看清楚她在写什么。就这样奇怪地等到她终于休息了，才晓得她是嫌作业太少，便写起日记来，那些文字，非常像模像样，其中一些话，简直让我们惊艳，想不起来，她是何时何地学会了这样表达自己的情感与思维的。今年冬天刚来时，有天晚上，她又在自己的屋子里忙碌着，看她在台灯下面手忙脚乱地查字典，就晓得她一定又是在写什么。殊不知，这一次她写的是家庭健康方面的规定：爸爸，为了防止感冒咳嗽，请全家注意以下几点：一、多锻炼；二、冬天到了，多看天气预报，了解天气变化；三、要知道何时脱衣、加衣，以免着凉。（特别是爸爸）。写完了，她还用胶水粘贴在书房门上。

细细一想，这样一些事情能算作是女儿长大了吗？似乎不是。

上了学，女儿经历的事情要比幼儿园多许多。首先是学校离家的距离要远，不比幼儿园，出院门往左一拐，过一条大马路，再进到另一处大院里就算到了。而学校离家有足足五公里。这样的距离让我曾经计划，将去学校接女儿当成散步。为此，我当真试过几次，不紧不慢地一路走过去，正好一个小时。因为院子里的孩子大部分在这所学校，女儿早两年就作了决定，要同那些带着她玩的小哥哥和小姐姐进同一所校门。女儿终于在那所小学报上名，等到学校张榜公布具体分班情况时，她却有些失望地说，只差一点儿就分到一(4)了。就因为有位小哥哥就是从一(4)一路升级上去的，小哥哥对她说一(4)班如何好。她就以为所有的一(4)班一定同样好。如果这还说明她尚且稚嫩的话，那么，女儿无数次问我，家门口的411和108路公共汽车是不是可以到达她将来要去读书的那所学校，一定要看成是她太渴望成长了。每一次我回答说是时，她就坚定地说，将来她要自己买票坐公共汽车上学，不用爸爸妈妈接送。每一次，我都要说，不行，哪怕坐公共汽车，爸爸也要陪你，直到你读完小学、读完初中、读完高中为止，上了大学后爸爸才不再接她送她了。说这些话，我总是婉转地告诉她，社会上有些不安全的因素，让自己心爱的女儿，像断了线的风筝那样，在人潮如海的大街被人挤得东倒西歪飘忽无定，爸爸实是不放心。

长篇小说《圣天门口》是女儿出生前后开始写的，闭关六年，小说出版了，女儿也要上学了。我也答应暂时放下自己的写作，出任一家文学杂志的主编。二〇〇六年这一年，我无法再像以往那样可以充分自由地安排自己的时间，女儿从上学的第一天开始，就没有享受到我所承诺给她的亲自接送待遇。一方面是因家里只有太太会开车，另一方面也是因为我必须每天在被长江分隔在南北的家与单位之间来回奔波。我只是偶尔替太太顶顶班，所以，女儿似乎忘了我曾经说过的话，每次见到是我在接她，便会随口说上一句，爸爸，是你呀！然后，便是行使她那不可能再有谁能拥有的特权，要我将头低下来，让她贴在我的耳边说上那句百听不烦的悄悄话：今天你要宠宠我！上了小学的女儿眼界不一样了，不再是只想吃一根烤香肠了，每一次她要带着我去那家卖珍珠果茶的小店，任由她选一种饮品。只有一次例外，我对她说，今天爸爸想买点儿别的给你吃。我刚说出来是麦当劳的鸡翅，女儿便在街边咯咯地笑起来，说我真是她肚子里的蛔虫，她正想告诉我，我就说出来了。

还是说接女儿的事吧，那天是十二月四号，我、太太、女儿班上的数学老师、托管站的老师、学校门房的伯伯、太太的女同事也是女儿要好的那位小姐姐的妈妈、还有远在家乡正好有事打电话找我的一位老朋友，全都被她吓坏了。那天是周一，是我必须上班的日子。太太也是有事，下午四点钟时突然在电话告知，要我去学校接女儿。这时候离女儿放学时间只有四十分钟了。任何一座城市都是怕堵车，被两条大江隔成几块的武汉曾经有过一辆汽车趴在长江二桥上，导致整座城市瘫痪的记录。我要去学校接女儿，这座常常让人觉得十分要命的桥梁却是无法绕过去的紧要咽喉。轻松时我点过数，从单位出来，到女儿的学校，大约有十五六个红绿灯，只要赶上一个，就没有躲得过的。最快的也得半个小时，慢一点儿就得四五十分钟甚至谁也说不准会在路上堵塞多长时间。那天天气有些阴冷，出租车跑得不快也不慢，离学校还有两百米时，就看到有学生放学了。下了车，到接送点一问，说是女儿班上的路队已经出来。环顾四周，没有女儿的人影，更听不到女儿扑上来时那一串串让人心醉的童音。我以为又像前一次，也是迟到几分钟，结果发现女儿正在教室里做清洁。然而，这一次，女儿班上的教室门已经上了锁。我又以为，像有一次，也是没有正好赶上放学时间，结果发现托管的老师，将并没有将下午放学的女儿托付给她们的女儿顺便带回托管站了。我还以为女儿有可能在学校操场边，她更喜欢的百草园里与同学一起做如同蝴蝶翻飞一样的游戏。我甚至还到女儿要我宠她的那家饮品店前看过，虽然明知女儿身上没有一分钱，不可能馋成一只只想吃好东西的小猫——一切有可能的地方都没女儿的踪影，女儿最有可能等待我们的学校门房旁边，只有一群我所不认识的孩子。

我一边打电话给太太，一边心急火燎地在学校附近的街道与小商店里乱窜，能问的也都问了，没有人晓得我的女儿在哪里！

明白女儿不见了是一种不容否认的事实后，先是头皮一阵发麻，接着两腿就软了。天气预报说，这是入冬以来气温最低的一天，最高气温只有9.4℃，最低气温才5.1℃。转眼之间，一阵接一阵的大汗，就将全身湿透了。事后才感觉到，找不到女儿的这一小时里，所耗去机体能量并带有种种的不舒服，三天后才有所恢复。没有女儿的消息。没有女儿的消息。还是没有女儿的消息。各种各样的地方、各种各样的电话，各种各样身份的人那里，都不能告知我们急切得恨不能看透城市的每一角落也要明白女儿去哪里的消息。天色完全黑了，被惊动的人聚集在学校门口，除了大家心里都想到，但没有说出来打110报警的办法外，我们已经没有了其他任何主意时。

就在这时，手机再次响了，上面显示的是我们家所在院落里门房的电话。我一定是用哆嗦着的手指按了一下接听键：“爸爸，我自己回来啦！”听到这一声比世上任何音乐都动听的声音时，我已经顾不上多问她一个字，只叫哪里也不要去了，转身朝着女儿班上那位陪着我们着急了许久的美丽的数学老师说了声谢谢，便同太太往家里赶。回到院子里，从邻居家接回分明是如隔三秋的女儿，大约是我的激动吓着了她，或者是女儿后来所说刚刚经历的那段历程让她太兴奋了，当我将女儿紧紧搂在怀里时，女儿突然放声大哭起来。一起哭泣的还有她妈妈。这时候，我只能躲进厨房，装着给她们做好吃的。

我们终于弄清楚，放学后，女儿悄悄地独自沿着马路左边走回了家。

这段五公里长的马路，靠左边走，只有三处较大的街口，但它却是整个市区车速最快的路段，似我这种一定在女儿面前做遵守交通规则表率的人，七八分钟找不到过马路机会是常有的事。曾经带女儿沿着这条马路走过一次，只走了不到一半女儿就不肯走了，站在马路旁边自己伸手拦出租车，而且走过的这一段，有一半路程是由我替她拿着书包。

后来，我们才明白，女儿事先同我们说过这一天她要自己走路回家。

女儿嘤嘤地说，头天晚上她就跟妈妈说过，今天早上要六点半钟起床，然后像班上的一位男同学那样自己上学去，不要爸爸妈妈送。女儿的确如此说过，在当时，我们只是告诉她太远了，那位同学的家就在学校附近，我们家离学校太远，要到她长大了以后才可以自己走着去。想起来女儿的道理要比我们这些成年人要简单得多，既然早上还是妈妈开车送她到了学校，为了不使傍晚时妈妈再来接她回家，所以，一出校门便以初生牛犊不怕虎的气概背着书包踏上了回家之路。不是她没想到，这样做会给成人们带来很多麻烦，是她根本就没有忧天下之忧的成年人思路。她所想到的只是自己是可以比别的小同学们做得一样好或者更好。班上那位同学学习成绩不理想是女儿自己回来说的。太太就要女儿去发现人家的优点。太太听家长们说，这位同学由于家庭情况所决定，每天回家都要自己做饭，并且总是自己上学，自己回家。就现在孩子来说，这的确是一个了不起的优点。六七岁的孩子，自己能够做饭给自己吃，在城市里真是太难得了。太太说过几次，要女儿学习人家的优点。女儿便真的这样做了。做得让我们不是哭笑不得，而是哭也哭得，笑也笑得。

女儿长到六岁，她不是没有走过这么远的路，比这还要长，还要难走的路她都走过。今年暑假，约了几家人去爬大别山南麓的三角山。整整走了三个小时，行程也许达五公里的一倍以上。还没爬到半山腰，女儿就叫走不动了。当大家开玩笑地任命她为亲友团团长后，她立刻变了一个人，往后的路程再也没有叫一声累不说，还前前后后地招呼大家，平缓处走快点儿，险要处走慢些。每到一个休息点，她马上选一个合适的位置，站在那里大声讲一些她从书上读到、让我们闻所未闻的真的很好笑的笑话，并且最终第一个回到登山的起点。

用女儿过去说过的话，从学校到家的这一段路，让她一个人来走，以小小的六岁年纪，才是真正的“危险现场”。对于她，这些只是一次全新的尝试。当女儿背着沉重的书包独自行走在马路边，实在觉得累了便在马路边休息一会儿时，我们这些大人个个在嘴上说肯定会没事，在心里又有哪一个不是在承受着无比的煎熬，不敢去想，又不得不去想那些就发生在身边的种种常见的意外呢？

后来，我和太太说起来，都怪自己忽视了。女儿说过的话，一般情况下她会记得牢牢的，而且基本上都会说到做到。这应该是她的一大优点,问题是我们的心弦绷得有多紧?就像这一次,我们哪里料得到,她真的要向那位同学学习。临睡时,照例要与女儿好好说一阵话。女儿还没有偎到我怀里就说,爸爸,不要再说那件事了,我们说点儿高兴的事情吧!女儿于是很夸张地对我说,今天上午她们班上发生了一件非常恐怖的事情,有七个同学将数学作业忘在家里了,居然还有——女儿说了一个名字,那女孩是班上的副班长。女儿说了许多,只要我一开始拐弯抹角地说起她所冒的这一场险,女儿就将我的嘴巴捂得紧紧的。睡了一觉起来,送上学的女儿到楼梯口。我冲着她说,放学时一定要等爸爸来接你哟。女儿趴在楼梯上笑弯了腰:爸爸,你还记得昨天的事,没忘记呀!这种小模小样哪像是一个刚刚上学的女孩,分明是那种善解人意的可人女子。剩下一个人时,我站在屋子中间呆呆地想,最终想了些什么,自己也不清楚,当然也就不记得了。

无论是谁,回家的路,越是熟悉,走起来就越是不一样。如同女儿走过的这五公里,当她从爸爸妈妈感知范围内消失后的那一个小时里,这样的距离漫长得远远超过这半辈子在北半球上走过的所有的路程。一般的时候,回家的路是惬意的。可有时候,回家的路反而是世界上最为艰难的。常常听到这样一种说法:回来就好,回到家里来就好。这样说话往往是长辈们,不只是儿行千里母担忧,也不只是出门千般好不如家里一碗粥,天造地设的几样人血肉相连地聚到一起,你中有我,我中有你,缺一不可,哪怕只是少听了一句家常话,少看到一丝温馨的微笑,就会怅若有失,更何况是用父母心尖尖上最为敏感的一团血肉做成的女儿!女儿因为天天在身边,天天都在出门和回家,那种长大的变化太细微了,轻易地发现不了。非要等到她敢于独自走回家来的事情发生,方才大吃一惊。

宠是最深的爱

这辈子想要一个女儿的念头，萌生在那座我一直不太喜欢的城市。

一九九四年秋天，在北京一个招待所住了约一个多星期。那是我迄今为止临时留待北京最长的一次。首先是要领一个文学奖，接下来还要应出版社的要求，将自己第一部长篇小说《威风凛凛》修改后定稿。从童年到成年我一直生活在南方，我习惯了长江两岸的季节与景物，这辈子恐怕是不会再有其他地方，能够让我安居乐业了。一般出门，以三天为限，到第四天，身心就会变得疲劳，就会有一种不如归去的强烈冲动，在行为上，往往表现为沉默不语，或者是正好相反，听到不合心意的谈论便好与之争执。那一次在北京，却是少有的例外。

那次颁奖，各地来了一大群人。与我同居一室的那位，十几年前就开始享誉文坛。他比我们都年长，对文事的了解更多。在我看来，使他成为大家围绕的中心，前述因素并非最重要，关键是那天，他一住进来，就给太太打电话。其时房间里有不少人，他开口说了几句后，就泄露了天机：他刚刚添了一个小女儿，这时候还不到半岁。待他说完了，放下电话，在场的有孩子和还没有孩子的人，才不无羡慕地惊叹起来。

往后的日子，只要我来北京，并且路过农展馆附近的文联大楼，就会有一股莫名的温暖从心底升起来。正是那一次，我突然强烈意识到，这一辈子如果没有一个女儿可是太遗憾了。这样的念头说起来也很正常。一个成熟的男人，如同一大片丰收的田野，他所拥有的丰富的情感，单单是纯粹的两性之爱，既不能完全担当，也无法实行不被浪费的收获。同样，成熟的男人看上去有些苍老，那是因为其内在的旺盛生命力，没有得到更为有效的发掘。

在我如愿以偿，有了女儿后的第四个年头，我同武汉大学的一位教授结伴同行去邻近的洞庭湖畔的岳阳参加一个会议。在傍晚的火车上，我与从幼儿园回到家中的女儿通电话的情形让她大为惊讶。从那以后，她逢人就说，由此她发现了我的另一面。这种所谓的另一面，正是人的生命力中另一种力。也正是这样一种生活之力，轻而易举地就将我对北京城固有的不好印象粉碎了。女儿的出生，远不止如此，性格的完善，胸襟的博大，思考的宽容，在与女儿的相处之后才察觉的改变，让成年后就已经停止生长的生命再次扎扎实实地成长了许多。

有许多正在做“女儿”的人曾经在自己的博客上，就我所写的与女儿相关的文章，跟了许多让人感动的帖子：

“小时候我爹也是如此爱女儿，让我至今感动，祝他老人家健康长寿。长大后我也有了一个可爱的女儿。很多女人会嫉妒老公对女儿的爱，我不会。看着老公看女儿时溢满眼眶的微笑，我会觉得好温暖。”

“我越来越发觉其实在爸爸的怀中才是最踏实的，从小就喜欢抱着爸爸的大胳膊睡觉，觉得是那么的有力量而自己是那么的安全。爸爸生病已经两年了，轮到我照顾爸爸，打理他生活的时候了，爸爸不能自己行走，我就抱着他，走起来像是在跳交谊舞，爸爸向前，我向后退。但我伤感于自己的弱小，我把爸爸弄摔过，那一刻我哭了，最伤心的那种。爸爸把我养大，而我细细的胳膊支撑不起他的健康。我相信我是爸爸上辈子的情人，不然我怎么会追随他陪伴他一直到现在。”

“我也是个女儿，也是我的父亲最宠爱的女儿，遗憾的是不久前他突然离开了我，这段时间我一直很悲伤，那种伤痛非语言所能传达。今天无意看到这篇文章，很感动。愿天下所有的女儿都能及时地去爱自己的父亲，天下的父亲都快乐！”

“一直在看刘老师的文章以及评论，心也就一直痛痛的。一直以为被自己塑造起来的完美父亲的形象，仅仅是一个因为渴望而美化起来的虚幻的偶像而已，在现实中是不会存在的！可是是您让我感到了安慰和欣喜，虽然我不知道自己的父亲有没有这样的情感，但是我为生活中真的有如此感情丰富细腻的父亲而幸福！而骄傲！希望那个小小女儿从小就能感受到自己无比的幸福和幸运——不是谁都能像你一样的哦！也希望她长大以后对父亲也有同样美丽的情感！”

“感谢刘老师道出了天下许多父亲的话，可能因为种种原因，他们没能和你一样诉诸笔端，但父爱是相通的，替他们谢谢您吧！”

“从我很小的时候，爸爸就‘抛弃’了我和妈妈，选择了跟另一个女人在一起，抚养一个跟他没有任何血缘关系的人。当时小小年纪的我并没有舍不得，因为我不愿每天都听到家里的争吵。或许这样的结局对我们都是解脱，这是我无数次安慰妈妈的话。我嘴里从来不承认爸爸的所作所为对我有什么伤害与影响，因为我不愿人家说我的爸爸很坏，我觉得那就像在说我一样。但是慢慢的我心里有了对爸爸的怨恨，当我想到从小到大他只亲自给我买了一本书、一副羽毛球拍还有一对扎头发的头花。却为了讨好那个女的给那个孩子一天到晚送东西；当我看到同学的爸爸是那样的疼爱她们时，我心里的酸楚与羡慕是无法表达的。快十年了吧，前几年他沉浸在他的新生活中，几乎就没怎么联系过我，生日的时候没有祝福，过年的时候没有关心，我真的想就这样忘记我还有个爸爸吧。因为他的关系，我不敢轻易地相信别人，不敢轻易地开始一段感情，因为我怕被欺骗，怕有一天他会因为其他的人离开我；因为他的关系，我自卑，因为连自己的亲生爸爸都不喜欢还有谁会喜欢我呢！或许是他渐渐老了吧，或许是他生活开始不如意，还是因为其他的原因，他开始经常给我打电话问问我的生活和学习。我居然会背着妈妈跟他联系，因为他毕竟是我的爸爸呀！是我以前最喜欢的爸爸呀！我可以冷淡地对主动跟我联系的爸爸的弟弟，我可以不去看对我不管不顾的爷爷奶奶，但对爸爸我下不了狠心。在高考的几天，他的鼓励给了我比妈妈还要大的安慰。我慢慢开始想要放开过去。但如果我原谅他了，那我不是很对不起辛苦抚养我的妈妈吗？对不起我自己，对不起当年我和妈妈吃过的苦吗？他是我跟妈妈吵架最重要的原因。我真的不知道该怎样对他，但我还是想要爸爸的爱。爸爸，假如时光倒流，我能做什么？假如时光倒流，你会选择什么？”

在父亲的情感里，爱女儿就是爱世界。世界上最诡异的事情首当其冲的大概便是居然还有不爱女儿的父亲。每一次，无论是从哪种途径得来的信息，包括亲眼所见，都让我不敢也不愿去相信。那么娇嫩的小小美人儿，应该再也没有比她更值得一个成年男人去爱了。试想我们一生所能经历的，实的也好，虚的也罢，期盼之盼，享乐之乐，有哪种事与物还能比我们所生所养的女儿更胜一筹呢？女儿之心性，女儿之形态，理所当然是上天对于一位父亲最大的恩宠。于是我就想到一种断言，假如这个世界里，真的存在连女儿都不爱的父亲，那么，任何其他被其所爱的女人就要当心了。一切不爱女儿的男人，不管以何种理由，肯定不配得到任何其他女人的爱。

有几次，我曾问女儿，下辈子愿意不愿意再做爸爸的女儿。以女儿的年纪，是不可能理解人是否真的有下辈子，如果没有下辈子，那么人们总爱在一些话题中频繁提及“下辈子”，又当作何解释。女儿丝毫不往深处想，每每听到我如此相问，她便响亮地回答说：愿意！女儿的话，既是即刻的想法，又是永久的答案。当我们认为女儿是父亲前世的情人时，就意味着这是一种上溯无限的爱，当女儿回答说，下辈子还要做爸爸的女儿时，也只能理解为，这种爱是注定要成为永久的。

所以，对女儿，仅仅有爱还不够，一定要宠才行。在女儿那里，她需要的宠，也就是一些小小的破例。譬如，太太对她说过，她也从书籍上读到过，哪些流行食品是垃圾食品，就因为她嘴馋，偶尔需瞒着妈妈饱餐一顿，做父亲的当然就要听她的。又譬如，到了太太出门前规定必须练琴的时间，女儿却双手搂着父亲的脖子，袋鼠一样吊在父亲面前撒娇，父亲连一声呵斥都没有，如有强迫也只能是温柔地抱着，将她放到琴凳上好好坐下来，并随手弹几个让女儿听了生气的噪音。再譬如，女儿虽然大了一些，放学回来，趁着楼道里没有人，非要父亲背一背，爬半层或者一层楼梯，不管父亲当天是否极为疲劳，还要笑眯眯地特别强调这是她的权利。被宠过的女儿，越是长大，越是会对先前所得到的每一点滴表现出珍惜。如果将这个世界看做是一座房子，男人的责任是改造或者建造它，然后就轮到女人了。没有女人动手进行的精致装修与装饰，世界这所房子是无法使人安居乐业的。天下之人以女人最为无私，然而，这种无私是要仰仗其做女儿时所得到的宠爱。

记得有一次，女儿问我为什么爱她，我脱口回答说，我必须爱她。直觉往往最接近真理。毫无疑问，爱女儿就是爱世界，宠女儿就是宠天下。

生命的磨损

家住七楼，最早的时候，我们将每天爬楼梯当成健身的方式。但是，后来听一位当医生的朋友说，爬楼梯太多其实不好。人的膝盖弯曲次数是相对固定的，不会因为你要锻炼，或者锻炼得很好，而相应延长寿命。人体膝盖的结构如同一部机器中的那些易损零件，用一次，就会多一丝磨损，并且这种磨损是不能再生的。在我将信将疑地上互联网查证后，才知朋友所言不谬。太高的房子虽然不符合科学，一旦住上了，也不是想换就能换的，所以自那以后再爬楼梯时，便会情不自禁地在心里想些事，甚至下意识地走得慢一些，不使用那种剧烈的动作，免得加重膝盖的磨损。

女儿尚小的时候，因为她要我们抱或者背，上楼梯的速度还能控制。等到女儿长到两三岁，能够独立行走了，如何在一座七层楼高的楼梯攀爬，便完全由她说了算。高兴起来，她会跑得比笑声还快。不高兴时，便赖在哪级台阶上，既不肯走，也不肯让我们抱她或者背她。如此，在我们从外面回来，一步步地爬向七楼的那些时候，往往会在千篇一律的话语或者动作之后，发生一些意想不到的故事。

在女儿尚未满五岁的那年，有一次，在最吃力的五至六楼之间的那级楼梯上，女儿扶着扶手要休息。大家都是气喘吁吁，也是有口无心、无话找话，我随随便便地就问她：真是很奇怪，为什么爸爸妈妈要生出你这个小宝贝？这本是太太平常最爱用来逗女儿的话。太太问时，女儿总是娇媚地回答，我就是要妈妈生我嘛，每次都让太太高兴得恨不得让每个指甲都变成笑脸。她们母女俩一起老爱说的那些，被我听多了后，往往也会在某个不经意的时刻，变成自己的话冒出来。这一次就是这样的。仿佛是说者无心，听者有意，女儿忽然提高嗓门儿，人也站直了许多，她说：这还不简单，你们将来都是要死的，要靠我来继承生命呗！一句俗称童言无忌的话，将我们结结实实地说愣了。女儿的意思丝毫没错，只是听起来怪怪的，很不是滋味。

女儿为何突然有了此种说法？想起来也是可以理解的。与我们院子一墙之隔，是一座建造得很豪华的高层住宅。那天早上，住宅里的人起来早锻炼，发现楼下的草地上趴着一个女孩。刚开始，还没有人注意，以为女孩是在那里亲近自然。时间稍长后才发觉不对，走上前去一看，才明白，趴在草地上一动不动的女孩是从高楼上掉下来的。不久事情就明了了：女孩在市内一所很著名的中学里读书，并且各方面极为优秀，家庭对她的教育与关爱也是无微不至。然而，那么美好的女孩，偏偏要在日记中，为自己设计了一种最优美的死亡方式，事发时，她所选择的正是这样一种设计。为了不让女儿早早接触这类过于悲惨的人生，那一阵，在家里，我们尽可能少地谈及。毕竟是在家里，很难做到时刻警惕，也许我们偶尔间说过的只言片语被女儿听去。当然，还有楼下的院子，太太的同事们下班回来后，一般都会让放学回家的孩子在外面野一下，同时他们也好凑在一起，谈笑风生，种种不经过思想的话题，总会率先触及最让人心动的那些，而不去提防孩子们就在身边。

女儿到底是不是由此感知与生命相伴相随的那份恐怖，我们不得而知。并且我们也觉得，这样的问题，还是不要在她面前深究为好。

生命的两极,以及其中的那个过程,一个人如何去做,需要一个人自己去逐渐积累,最终能够获得何种心得,是一个人自己的造化。

正是这之后的一次，女儿去芭蕾舞学校上课，太太因为另有事情,将女儿吃饭的事,委托给同样送孩子上舞蹈课的妈妈们。菜上来后,大家还闹着上了一瓶红酒。就在她们举杯之际,女儿突然伤心地哭了起来。问起来,女儿才说,她提醒过大家好几次了,不要喝酒,喝酒有害健康,可你们就是不听。弄得那些做妈妈的,那顿饭不敢再喝酒了。因为我不在场,这事只是耳闻。

不久之后发生的一件事情,我和女儿一样,都是亲历者。那一次,趁着周末,几家朋友约好到东湖畔小聚。那天雨下得很大,因为酒店宽阔的大厅里种植着许多热带植物,好奇的女儿一直很兴奋。临到点菜时,做东的朋友开口报出:河豚。那时我还没有吃过河豚,朋友当中大多数人亦如此。就在我们共同发出惊呼时,女儿突然扑上来死死抱住我,于嚎啕大哭中,连连高叫:爸爸不许吃河豚！我不要爸爸吃河豚！女儿一哭我就明白,她一定是在哪本书读过,河豚之毒足以置人以死亡。我问她是不是这样。女儿点头之际,朋友与她开玩笑说,你们家的人不吃河豚,我们吃总可以吧！女儿这下子哭得更厉害了,他要我别让叔叔点这道菜,所有人都不能吃河豚。吃河豚会死人,女儿认定的这一点,让我费了许多口舌,却是毫无用处。朋友继续与她说笑,一会儿河豚做好,他先吃,如果他没有中毒,大家再吃,如果他中了毒,大家就不要吃。女儿一点儿不受影响,哭喊着说,河豚有毒,谁也不许吃!女儿态度之坚决,让大人们既感动,又尴尬。此家酒店原就是以做河豚著名,不吃河豚,也就没有必要跑这么远的路程。那顿饭,我们还是吃了河豚,好不好吃那是另话,在女儿那里,这件事想必使她对生命所能承受的极限多少有了一些认识。这得益于后来那位最会与她交流的阿姨,将她抱了过去,耐心地对她说,能用河豚做菜的厨师,都要经过专门培训,取得专门的许可证。河豚之毒在于制作过程中的失误,只要制作得法,河豚就成了一种美食。

这样来想,死亡对于生命,又何尝不是像河豚一样的食物。人的一生,就那么几十年,长也长不到哪里去,短也短不了多少。那个将自身之死完全按照设计来实施的女孩,为什么不肯像活过百岁的老寿星那样归去?死亡本是人生最难避免的大实事,选择的不同,决定了结局差异。

关于生命,一般是要人用其全部时光来体会,最终所理解的,也不一定会被继续活在这个世界上的其他人所认可,如此,才会有一代接一代生生不息地探索。死亡则不一样,它能早早地就让人产生敬畏与恐惧,晓得那是生命的天敌,同时又是生命永远也不能抛之不顾的天然的朋友。在本质上,死亡是生命不可或缺的组成部分,也正是因为有了死亡,生命才显得如此之珍贵。当我们在不断地强调生命的价值时,不要忘了,死亡同样也有它神圣的一面,所以,我一直在想,让女儿早一点儿明白一些关于死亡的道理,应该是她成长过程中的一件幸事。

做父亲不沉重

出门在外，最想听的是女儿在电话里问候：爸爸，我好想你！每次听到女儿这样说，心里就会涌出用再多的水也化不开的浓浓的幸福感。那么小的小人儿，平常时候只晓得与北极熊玩具们嬉戏，再就是趴在地板上全神贯注地看自己喜欢的书籍，做父亲的主动上前去说话，还会让她觉得烦，仿佛是打扰了她那没完没了的童年快乐。在家时，女儿也不是全然不理我。每当我的写作陷入长考，电脑键盘暂时没有发出敲击声，女儿就会适时地叫一声：爸爸。当我在这小小的惊诧中起身，完全是下意识地走过去问她有什么需要爸爸帮忙，女儿就会露出她特有的歉意，撒娇地一弯眉眼说，我还以为爸爸不见了哩！

出门在外，最担心的也是听女儿在电话中说话，那时候她会换一种语气问：爸爸，你什么时候回来呀？那种声音一入耳，就会让我联想到女儿太小，而显得格外值得怜爱的模样。女儿四岁那年国庆节，我人在荆州，夜里接到她的电话。那天家里有点儿小小摩擦，女儿说的每一句话都让我听得心疼，放下电话就到处找人找车，想连夜赶回武汉。车还没有找到，太太的电话先到了，本应是我安慰她，说起来后，反倒变成了她安慰我。女儿能用语言完整地表述自己想法后的那两年，只要我不在家，早上起床，傍晚回家，还有临上床睡觉时，都是她的法定通话时间，如果我没有打电话回去，那她必定会打电话过来。

也有不是这些时间里打电话给我的，印象最深的一次，是她在电话那一头哭泣着说：爸爸，妈妈欺负我！同时也听见了太太的话外音：你还会告状，我怎么欺负你了？女儿则连连说，你就是欺负我。于是，我就趁机说女儿，听她的声音，好像是在欺负妈妈！女儿其实与妈妈相处极好，只是，偶尔两个都犯了女人脾气，这时候，就需要有男人出面了。也是因为这些，不喜欢坐飞机出行的我，一般都会在回程时买一张机票，那时候，每早一分钟回家，就等于多一份幸福。

二〇〇六年底，我被评为省内年度十大新闻人物。据投票活动开始后第三天的消息，其时所有投出来的三万票，有一万七千多票投给了在候选人中排列第一的那位水利专家。他的事迹的确与众不同，长期住在水利工地上，女儿长到三十八岁，总共只见过他六次。于是，我就想道：对于他，“感动荆楚的十大新闻人物”一说也许不太合适，适合他的那个词应该是“震惊”。曾经以自己童年为例，认为父亲是天下最为冷酷的男人。小的时候，我最盼望什么时候能够见上父亲一面。希望父亲也能像别人那样，慈祥地抚摸一下他儿子的头发或者脸庞。然而，我们的父亲来无踪去无影，一年到头都在村里蹲点，多数时候，我们只能在大年三十吃团圆饭时，才能见到他。久别的陌生感还没消失，父亲便又不见了。

就像从女儿嘴里说出来的那种近乎无理的真理：我是你女儿呀！一个女孩子，从做女儿那一刻起，便应该成为她父亲的重要幸福之源。反过来也一样，一个男人，从做父亲那一刻起，便应该成为他女儿的重要幸福之源。儿子大学毕业找到工作之后，我曾经再三提醒他，只要你心里没有对那位女孩子真心实意的尊敬，就没有资格求她嫁给你。这样的意思也可用在一位想做父亲的男人身上，只要你没打算心甘情愿地为女儿做一切，那就不要勉为其难。否则，哪怕后来有机会对女儿每天说上一通对不起，仍旧不能纠正早先那些轻率地对待生命的行为。

曾经待我如兄长的一位作家朋友英年早逝后，留下妻子孤独地抚养年幼的女儿。因为各种变更，虽然同在一座城市，却失去联系多年。不久前，才在博客上再次相逢。那天下午，我什么事情也没做，一遍遍地读着她们的博客。那些文章里有太多的坚韧与自强，也有更多的伤心与苦难。朋友的遗孀曾在一家商场玩具柜当收银员，然而，年年儿童节，她都不敢将刚够过日子的钱，省出来给女儿买一件哪怕最便宜的玩具。女儿想要又没法开口，于是就在日记里极尽想象地写着，为了过儿童节，妈妈给她买了哪些她最喜欢的玩具。在少不省事的那些年月，朋友的女儿觉得送信的邮递员什么地方都能去，那么也就能够到达父亲去的那座天堂，因此总是缠着要找邮递员，送她到天堂去见爸爸。读着这样的女儿，哪能不让天下的父亲为之揪心？

鉴识别人，怀想自己。有女儿的人生是世界上最幸福的人生。男人活在这个世上，有女儿而不抚养与呵护，不管用什么理由，在我看来都是所有过失中最大和最不被原谅的。所以，有一天，朋友相聚，随手接了一支香烟。女儿在一旁说，爸爸，你不能抽烟。我答应后却没有熄灭。女儿便生气地当众说，爸爸，我已经说了三次，你还不听。从那以后，我再也不抽任何人递给我的任何香烟。又有一天，还是朋友相聚，大家劝我喝酒，女儿在一旁说，不行，我爸爸不能喝酒。有了香烟的教训，从那以后，我再也不沾任何带有酒字的食用品。不仅如此，女儿不在身边时，我也会对那些用烟酒相劝的人说，对不起，我女儿还小，请别让我沾这些。一个父亲，一个女儿的父亲，必须明白，自己生命的绝大部分是为女儿存在的。哪怕自身受到再大的委屈，不管自己会有多少辛苦的约束，只要想到是为了女儿，都是值得的。家有爱女，最普通的生命也会不断增值。

女儿书一

温柔对于女子，是所有美丽的源头。

在哈尔滨寻找北极熊

我站在马迭尔宾馆外面等车时，手机响了。“爸爸!”准备上幼儿园的女儿刚刚起床，她习惯地靠着妈妈的枕头，在千山万水之外细声细气地要求：“哈尔滨有北极熊吗？给我买一只北极熊!”我想也没想就答应了，丝毫没有料到这会是一件导致自己在整个旅程中一直忙碌不已、并且险些无法完成的事情。

有四年了，我很少外出，一边写长篇，一边照看女儿和上高中的儿子，同时也在弥补曾经缺席多年的家庭生活。这一次上哈尔滨，虽然是临时得到通知匆匆忙忙地搭上末班车，到头来却是最早赶到犹太人在一九〇四年修建的马迭尔宾馆报到的。隔天早上五点半钟，在火车站的贵宾休息室里等候迎接采风团大队人马的那段时间里，一队身着礼服手捧鲜花的哈尔滨姑娘在门口不停地走来走去。我不知道这其中已经包含着“马迭尔”的原意，逮住一位东道主问，他却不好意思地回答，从小就这么叫，从没想过这名称后面还有别的意思。后来，我查过资料才晓得，百年前流连在哈尔滨的犹太人之所以要将自己的饭店称为“马迭尔”，实则是为了“摩登”。在哈尔滨的那些天，以及回到南方后，语言中的“马迭尔”与“摩登”仍让我觉得非常意味深长：“摩登”是“马迭尔”无法改变的历史，“马迭尔”则是对“摩登”没心没肺的忘记。这样的事例在人们的经历中并不少见。

离家之前，太太将她去年深秋在哈尔滨的见闻重复了好几天。这些年，从北方到南方，我们的城市发展得异乎寻常地迅速，快则快矣，到头来所见到的无非是对香榭里舍的抄袭，对莱茵河两岸的复制，再不就是临摹曼哈顿，翻印拉斯维加斯。大城市们如此，中小城市或者再小一些的乡镇，更是明目张胆地东施效颦，盯着上海和深圳无休无止地参观学习，致使一方水土中的家园气氛丧失殆尽。经过四个小时的旅行，飞机落地后出现在眼前的北方名城让我心里生出一种可以略感庆幸的陌生。在找到摩登一说之前，陪同者所有的介绍全都无法进入到可以铭记的境界。正在涨水的松花江上仍旧可以游泳；正在举办的啤酒节上只要花五元人民币买上一只酒杯就可以仰起脖子尽情地享受中国最好的啤酒；太阳岛上正在进行有史以来最为彻底的清理与整顿；索菲亚教堂周边的房屋即将被拆除……想象中这座离冻土带很近、离极地极光很近、被萧红的呼兰河所环绕和烘托的城市，是与铺天盖地的大雪联系在一起的，冰清玉洁的！没有雪的哈尔滨，无论怎样的百态千姿，也只能出乎我意料之外。毕竟雪的姿态最令人神往，因为雪的本质是高贵！

在久负盛名的中央大街上，听人说，脚下那一块块露出来的只有砖头大小的方块石，在当时每块价值一美元。这可是没有经过第一次世界大战后的经济大萧条、第二次世界大战后的全球通货膨胀、还有后来的半个世纪中世界经济不断出现的周期性衰退与危机的一美元。在那种年代，就算是最富有的纽约华尔街也不曾像哈尔滨这样，几乎是用黄金来铺就一条淌雨积雪烟云过眼的马路。为了了解中央大街在当时的摩登程度，我专门向一位在大学里教授经济学的朋友求证。他在电话里回答，第二次世界大战刚结束时，一盎司黄金的价格是三十六美元，到了一九九九年，其价格已变成了三百六十美元。仓促之中，他没有查阅资料，只能凭着记忆提醒我，到二十世纪末，美元已经贬值到只有世纪初的二十分之一。以黄金作为不变价格计算，中央大街建造之时，一盎司黄金大概相当于十八美元。我曾试验过，在中央大街上，不管是左脚还是右脚，都会踩着一又三分之一块石头。这就是说，百年之后的我，每走十二步就会将一盎司左右的黄金踩得闪闪发光。在整个远东，不管是同时期的上海，稍后一点儿的香港，还有更晚一些的东京与首尔，都不曾有过这种将千万黄金掷与泥土的事情发生，除了富有，除了摩登，除了奢华，在当时，还应该有一种只差一点点就会变成妄想的集群性的浪漫因素。那年那月，也只有满街都是嬷嬷和教士、街角上的卖花女曾是俄罗斯贵妇、玛达姆茶炉前拉手风琴的男人不久前还是只说法语的莫斯科绅士的哈尔滨，才能使喝完半瓶伏特加、两杯不加糖咖啡的激情构想变成现实。如今，当地人还敢说，不用出中央大街，就可以见识世界上所有的名牌……

一个三岁女孩所衷情的北极熊，显然不是她心里的一种名牌。

我在中央大街上不停地寻觅，不断地询问，我没有得到回答。或者说，我得到的并不是回答，那些芭比娃娃和迪斯尼狗熊的代理商，回应给我的表情全是带着矜持的否定。不只是她们，哪怕是卖水货手机配件的小店女人，笑容中也隐现着一种同整条街道相呼应的冷傲。那位敢在远东的沼泽地上将一块石头埋入地下仅仅露出二十分之一真容的俄国人，独出心裁地设计出一座与东方各民族气韵迥然不同的城中之城，假如这种后来的变化是其当初就料定了的，那他实在是太有远见了。在南方，眼际里能见到的尽是妩媚：虞美人、声声慢、鹊踏枝、念奴娇、一剪梅、浣溪沙、水调歌头、蝶恋花。好不容易出现一个冷美人，多半还有若要俏、需戴孝的悲伤和忧郁背景。坦率地说，男人对女人的瞩目从来没太多的审美与赏析的因素。行走在中央大街上的那些形体与修养上不曾熟悉的女人，让我情不自禁地想起了中原大地上那些来自北方的铁马金戈。我相信，一座建筑的冷傲，表达的是一个时代的信仰；一个女人的冷傲，表达的则是一方族人的力量。

那一天，在金上京遗址，一望无边的断壁残垣让我突然明白了一个道理：从金兀术到后来受尽嘲笑的八旗子弟，在他们初盛之际，无论骑的是红马、黑马或者白马，都是那样的冷傲。正是这种冷傲，才使富饶的白山黑水平地生出一股高贵气脉。

北方的匈奴人，北方的女真人，当他们决意进伐中原时，其中坚力量正是族人中的贵族。说这些佩戴兽骨披裹兽毛的人野蛮，只不过是汉人面对国破家亡局面时的自欺欺人。在骨子里，在血液里，这些来自冰天雪地的征服者，支撑与涌动着的是黄河两岸、长江上下所稀罕的高贵。

作为东北亚政治经济和文化中心的金上京，最终沦落为一堆堆荒丘，那条曾经直通黄河、淮河和长江的绕城运河，也成了一条毫不起眼儿的水沟。有人说，这是历史的必然。可历史的必然又是什么？

女儿一如既往地在电话里追问买到北极熊没有，其余的事一概没有兴趣。一条中央大街被我找遍了，当地的朋友和来自外地的朋友都说，随便买只熊吧，能哄孩子就行。我不想也不能这样做，明明是一只狗熊，做父亲的能对女儿说，这就是北极熊吗？类似这样做法的大有人在，也从没有被认为是指鹿为马、黑白混淆。这有点儿像一个身在异乡的人告诉当地人，他们的城市是世上最美丽的所在。这种结论在事实上通常是错误的，然而这种错误的本身却是美丽的。正因为有了这种美丽的错误，才有可能在环境日益恶化的时代，冒出比以往任何时候都多的“最适合人类居住的地方”。

我又想到心中的那个悖论，难道没有雪的哈尔滨就不是哈尔滨吗？习惯上将北方当成大雪纷飞极目苍茫的场所，我的足迹新至之处只是离北极熊出没的地方更近一些，因为女儿的愿望，又不仅仅只是女儿的愿望，在南方想往北方，到了北方所想往的当然就比北方更北了。

经由青岛前往哈尔滨的飞机落地之前，舷窗外早早地铺开北方浑厚的原野，还有那条看上去有些小却格外无羁的松花江。机舱内还在循环着的来自武汉的空气。这就使人有了在一瞬间脱离旧气息，融入新气息的体验。那一刻站在从未到过的土地上，只觉得扑面而来的清新中有一股心醉的稠酽。这种稠酽让我产生一次次回忆，它使我觉得北方的天地原野草木河流皆有气味，甚至使我从到处生长着绿得发黑的植物那里闻到阵阵浓墨的芬芳。几年前在西藏，曾经仰望蓝天，幻想可以从庄严的白云中聆听出某些声音。与西藏所见的不尽相同，白云在哈尔滨上空缓缓地流动，宛如那些走过太多苦难，在金婚或银婚纪念日才披上婚纱的沧桑女人徐徐而过，身后那片蓝得很深的天空更像许多神往的眼睛。我有理由来让自己相信这就是民族文化与生活中本就稀少，而今更加匮乏的高贵。就像我在中央大街上不时见到的，如果这一方曾经彻底欧洲化的天地，还不接纳这种人性当中的特质，我们就只能彻底放逐自己的寻找，将国民性中的高贵情结扭成一只死结。庄严常在，高贵难修。得失之间，悲喜之际，经常是最微小的失当就使人前功尽弃。

女儿在北极熊前面加上“我的”二字，她在电话那边开口就问：“我的北极熊买到了吗？”其实她不这样说，我也明白我必须为她做成这件事。这也是以我对哈尔滨的信任作为基础。我相信偌大的、在中国最接近北极熊的哈尔滨，一定能够满足一个刚刚开始认识世界、见到雪就欢天喜地的南方小女孩的愿望。

早来的那天晚上，女儿还没说出她的愿望。市委宣传部的几位将我带进一家名为露西亚的酒吧。酒吧里摆着许多旧时俄罗斯人在哈尔滨的生活用品，墙上挂着的也是那些主导中央大街修造的俄罗斯人的各种生活照片，酒吧主人的远亲当年在马迭尔宾馆举行婚礼的照片也赫然入目。酒吧主人的奶奶是俄罗斯人，女主人则是见到是朋友和顾客都礼貌哈腰的日本人。这样的介绍顿时让人深入到哈尔滨的近代史之中。酒吧里最醒目的是一架钢琴，尽管擦得非常亮，那根突兀地伸在外面的蜡烛架轻易就将其经久的岁月说得清清楚楚。邻桌一个气质不错的女孩子问那钢琴还能弹吗？男主人作肯定回答时，女主人轻轻地笑了笑。天下没有不能弹奏的钢琴，问题是弹出来的是什么：响声，还是音乐？在听者心里，任何一种声音都不会只有一种回响。一架旧钢琴，曾有多少优雅如天鹅的手指在上面抒情过舞蹈过，当年的旋律不用弹奏就应该在我们的情怀中回荡。

朋友们丢开我，悄然谈起一位我当然不会知道的女人。每个星期，总有一天下午，那个在我听来免不了有几分神秘的女人，独自呆在那架旧钢琴前的座位上，有时候甚至是趴在桌面上睡觉，直到天黑了，外面的路灯纷纷亮起来才离开。酒吧主人大约也听到了这些内容，似是不经意地走近了说，有那么十来个人，看不出有别的值得深究的原因，隔上一段时间就要来独自占一个台位，一杯咖啡，一杯红茶，此外决不再要任何别的东西。还有两个更怪的老人，他们的习惯完全相同，晚上七点钟来，九点钟离去，每次来只要一杯冰水、几片柠檬。如果一个老人是星期六来，另一个一定会在星期天来，反之亦相同，两个人从没有在酒吧里相遇过。我以为这座酒吧与中央大街的年头差不多，问起来才明白它存在于历史的时间，与听着窗外的林涛声早早入睡的女儿的年纪相差无几。一样东西经年累月之后变得旧了，就会有其了不起的地方。需要点蜡烛的钢琴，不用提醒便显出尊贵。不用动手弹奏，就这样静静地与她相对，想象夹在岁月风尘中的一只音符，一个音节，一段乐句，一篇乐章，在安宁中感受华彩，从短暂里体验悠长，将激越变成坦荡。老人也好，神秘的女人也好，只要他们愿意与不再点蜡烛的旧钢琴为邻，就不需要任何其他理由。

一沓酒吧主人自撰自编的《露西亚小报》随意地放在门后。虽是小报，那上面载有一些让我们心颤心悸的东西。在哈尔滨，有一位名叫弗洛夏的俄罗斯侨民，今年九十二岁了，是当年带着小提琴和钢琴，带着油画和鲜花，带着艺术家和小说家来此的二十几万俄罗斯侨民在当地的仅存。二十世纪六十年代，一个除了俄语外，还会讲英语和法语，却不会说汉语的俄罗斯老人不管受到何等的羞辱，她只是竖起食指在与胸前第二粒扣子等高的位置来回摆动着，劝告那些人不要如此。在酒吧之外听到的故事，让我立即联想到小报上的俄罗斯女人。小报上还有一个老人写给在天国的父母的信："我饿极了，夜里睡不着，我想你们，我想听见爸爸的咳嗽声，想在你们身边。我做了一件事，也许会让你们非常难过，但我的确做了。我用餐刀切开了手腕。我很害怕血，非常怕血，很快我把血止住了。我又用自己的手帕缠在那刀的刀刃上，我觉得那把刀太不了解我，它太简便了。今天是我六十三岁生日，我会好好地活下去。下午，米亚托夫兄弟来了，坐了两个小时，他们劝我到医院去检查一下健康，我害怕，不敢出门。他们带了很多吃的，还有一瓶红葡萄酒和肉、牛奶。我们一起喝了一点儿酒，祝贺我的生日。他说：现在'文化大革命'，苏联和中国的关系很不好，可是这和我们没有关系，也有很好的中国人。米亚托夫不害怕，他知道怎么走路，他穿着中国人的衣服，把帽子压得很低。请保佑这些好人吧！我不会再做那种事了。我很后悔，请你们原谅我，我是饿坏了，头脑太乱了。我在那餐刀里面裹了一张纸条，写了这样一句话：你不要帮着我让别人难过。"信的落款是一九七三年十二月八日。如果这个叫尼娜的女人还活着，正好与唯一留在哈尔滨的弗洛夏同岁。那时候的哈尔滨早就下雪了。

回家之后，我写了如下这些文字：我怀着从未见过隆冬时节松花江模样的南方心情，希望那雪能厚到再多的人践踏过也露不出底层的污垢。那是一个卑贱者最聪明，高贵者最愚蠢的时代。也正是那个时代，让卑贱升华为荣耀，高贵贬低为耻辱。到头来我们又不得不将历史早有定论的基本真理，重新用实践检验一番。

写出这些文字的时刻，正是我从露西亚酒吧出来的时候。那边大街小巷早已安宁下来，哈尔滨的夜晚，十点钟一过就难以见到当地人，那些仍在街上晃荡的大部分是外来者，少数当地人也是因为陪同的缘故。然而，在南方，我们的城市反而掀起阵阵别样的喧哗。熟睡中的女儿轻轻咳了几声。女儿是过敏体质，稍不经心便会如此。回家后陪女儿去芭蕾舞学校练舞，只顾看着她乐，忘了及时换下那身天鹅般的小舞裙，秋风一来女儿就感不适。调整了几天，既做雾化，又喷鼻子，才控制下来。

熟睡的女儿用一只小手搂抱着我从哈尔滨带回来的那只北极熊。

我站在小床边，轻轻地用手去拿，才发现北极熊已被她身上的汗浸湿了。

我很庆幸，自己到底寻找到了北极熊。三岁的女孩对此不会分得清楚，可我分得清楚。也许是心情所至，同女儿先前拥有的各类小熊相比，北极熊的模样怎么看都有一份与众不同的尊贵。

返家的那天早上，我离开马迭尔宾馆，离开著名的中央大街，沿着陌生的街道独自走了近半个小时，走马观花般越过三处穿着红衣绿裤挥舞着过于夸张的大扇子，忘情地跳着大秧歌的女性群落，进到一处街道被挖得千疮百孔，在拆旧楼和待建新楼相互映衬，虽不是百废待兴，却貌似百废待兴的地方。临街的一些小店门口仿佛还有昨夜的杀猪菜在飘香。这些房子没有任何值得夸夸其谈的历史，包括建筑时间，其模样却比将中央大街铺垫得如此著名的那些石头还陈旧。据说，依照各种自然和非自然磨损的规律，那些有幸铺在中央大街上的石头还有二百余年的时光供其炫耀。以我将要进入的那座名为玩具城的楼房为中心的这一大片街区，哪怕它承传着这个城市的真正日常，因为平常得近乎平庸，从竣工的那一天起就注定会早早地重归尘土。

按照行业分类，女儿所期盼的北极熊应该在玩具城的二楼或三楼。从二楼到三楼，再到二楼，再到三楼，记不得有几个卖主对我说过相同的话，北极熊有啥好看的？好在我终于找着北极熊了，那是在第三次来到二楼的一个角落里，一个中年女人从一大堆绒毛玩具中拎出一只北极熊扔到我面前，特地说了一句，你要是昨天来我也没货，这是昨天晚上送来的。回到宾馆，送行的东道主已经等在房间里。都以为我没找到北极熊，有人带来一只可爱的小白熊，另一位更是送给我一只打开来可以放进一卷卫生纸的绒毛狗。勉强说过谢谢后，我打开手里的包裹，取出那只北极熊。在一阵不大的惊呼声中，夹着一句疑问：北极熊怎么是棕色的？我一下子愣住了。是啊，从来北极熊都是白色的。卖主的货物中本有一只白色的北极熊，但在一念之间，我觉得棕色的更耐脏——说到底，在潜意识里自己还是有着同许多人一样的念头：这不过是件玩具！一如平时我们所想：这不过是一些房子！这不过是一座城市！任何时候，高贵与平庸就是这样只有一念之差，所以当年的中央大街才能成为哈尔滨后来的形象，才能用当下叫得最响的一种观点来形容我所理解的哈尔滨：百年来的历史已经证明，中央大街的建设走的是一条可持续性发展之路。换言之或者说是推而广之：可持续性发展的根本要素不是时髦和时尚，而是一种弥漫在灵魂中的高贵。

我又想到了“马迭尔”。在一切“摩登”面前，我们无非处在两种角度之下。在部分人那里，它不过是生活游戏中一种新颖玩法，可以一只脚伸进去，也可以两只脚全伸进去，无论哪种姿态，都是为了后来的抽身打转。在另一部分人那里，摩登的意义重大了许多，既是态度，也是目的。对于高贵来说，“摩登”是因故掉在地上的一只纽扣。

一个时代的精神从高贵跌入粗俗时，这个时代便只能以悲剧存于历史。

明白了这一点，我才可以说，我到了一趟哈尔滨。

果园里的老爸头

太太的父亲从高级畜牧师位上退休有两年了。

在他尚可称为年轻时，就被膝下的儿女叫做老爸头。

大年初一，我们打电话拜年，得知老爸头骑着摩托车，又去了他的果园。

有果园之前老爸头的模样我见得很少。我那聪明美丽能歌善舞的岳母，更是因为早逝，而只存在于家人年复年、日复日的追忆里。按照太太的理解，大别前的最后一刻，岳母挂在眼角上的那颗迟迟不肯落下的泪珠，是对老爸头的放心不下。岳母在世时，时常会逼着老爸头做些她认为的事业。就是这样，老爸头还是在知识分子难得受到重用的那几年里，坚决地回避了种种当领导的可能。老爸头的确不会管理人。自从丧母之后，太太兄妹几个，几乎全都早早离开老爸头，过上各自的日子。想起这些，太太就会说，如果妈妈在，家里肯定不会是这种离散的样子。

第一次随太太回娘家时，一家人冒着密密麻麻的小雨，出了安远城，爬上风景果然不同凡响的三百山，去看那滋润香港一带生灵的东江源。一路上说起老爸头的称谓，大家异口同声地指认太太，都说是她叫响的。即使没有这样的指认，就凭这样的称呼，也能让我轻而易举地断定，除了太太，世代居住在那闻名遐迩的赣南土围子里的谢家，没有第二个人能有这样的才华。就像现在整天缠着不肯放太太离开的女儿的爱称，已被太太随心所欲地叫出差不多十种花样。这样的统计只包括经常叫的。因为全家人少有的齐聚，老爸头难得时髦一回，带着全家近二十口人上酒店去吃团圆饭。趁着人多，我试着像大家那样叫了一声。看着四周的反应，我一点儿感觉也没有。隔一会儿，我又叫了一声。这一次感觉是有了，却不怎么好。作为这个家庭的一员，我的加入有些晚。其他儿女媳婿，习以为常的东西，在我看来竟像对长者的不恭。

实际上，老爸头是一个极随和的人。

在数千里之外的武汉，太太每每提起老爸头的随和，深爱之下还含着一种深刻的不满。在太太眼里，“文革”之前的大学生父亲，对自己的日常起居太随意了。几乎到了有什么穿什么，有什么用什么，有什么吃什么，只要手边没有的，他就不去想，更不会去找去寻，更别说开口要了。我曾经对太太说，如果老爸头不随和，我们能叫他老爸头吗！太太没有放弃她的心情，反而连我一起数落，说我和老爸头一样，喜欢将吃得精光的菜碗用开水淘一淘，掺成一大碗汤，津津有味地喝下去。老爸头的这种习惯，太太提过好几次，最动情的那次，声音没出来，泪花先出来了。刚开始我还安慰说，特别是青菜，哪怕只剩下几滴菜汁，用开水掺一掺，好喝极了。真的如老爸头所说，是神仙汤。后来不再这样说，是因为我也知道这样的菜汤，都是苦日子逼的。太太有兄妹四人，她没喝菜汤是因为比我家少一人。我家过去的日子更艰难些，所以在父母之下，我得挺身出来喝那菜汤。前年过年，太太正怀着身孕，我们一起去商场，买了一件挺不错的大衣寄回去。去年过年，我们带着十个月大的女儿回安远县城时，那件大衣还在老爸头的箱子里原封未动地放着。要不是赶上与广东接壤的这座小城难得下了一场雪，要不是太太记着这事盯着追问，老爸头仍旧不会拿出来穿。一群都不算小了的儿女，七手八脚地将老爸头打扮一番，穿上新大衣的老爸头露出一脸的不好意思。男人中喜欢穿新衣服的少。一件衣服只要没有不能再穿的理由，男人总是觉得越久穿着越舒服。不过，让老爸头舍不得脱的那身旧衣服，明显存在着太多不可再穿下去的问题。老爸头差一点儿就将新大衣脱下来。那天是大年初一，老爸头还想去果园看看。虽有儿女们的一致反对，中午过后，老爸头还是悄悄地去了一趟果园。不过他没有将身上的新大衣脱下来。

有时候，我会想，如果老爸头不随和，他那爱女与我的爱情，会不会顺利地发展成婚姻？由于一些不与通常相同的现实，在没有得到老爸头的首肯之前，开在我们心头的那朵玫瑰，总也摆不脱不时就会袭来的风雨飘摇。第一次见到老爸头是在开往三峡的长途汽车站门外。那是太太的主意，她想趁着这趟旅游，让我和老爸头认识一下，顺便看看我们有没有翁婿缘分。太太向老爸头介绍我时，紧张得连我的姓名都忘了说，只说我是一个朋友。老爸头没有握我的手，也没有追问我的姓名，就像见到自己的孩子一样，慈善地笑一笑。直到现在我还在同太太开玩笑，如果那时老爸头要握我的手，或者客客气气地将对平常人的称呼给了我，太太的老爸头就不是我的老爸头了。老爸头有一副人们常说的慈眉善眼，又与日常的慈眉善眼不大相同。老爸头的眉心上有一颗黑里透红的痣，平时不太明显，每逢老爸头的眉眼被笑容淹没时，那痣就会变得异常醒目。当老爸头以他一贯的行事方式默许我们婚事的时候，那颗痣在额头上所有皱纹的簇拥之中，平静如常地微笑着，看不出与头一回见面时有何变化。在别人那里，无疑是将眼睛当做心灵的窗口。对于老爸头，那颗痣更像他的为人。

除了笑，老爸头的脸上很难出现别的表情。那也是老爸头对人最多的语言。不管是在奔向三峡的长途汽车上，还是在往来川江的游轮上，老爸头总是用笑来回答，对人是这样，对那倾心太久的鬼斧神工的自然风光也是这样。说不上是淡泊，也说不上是大度，其中确有一种对万物万事皆如常态的意境。船过新滩古镇，太太犹豫着错过了在第一时间告诉老爸头，我写过一部以此地为背景的惊世骇俗的长篇小说。站在船舷边的老爸头同样笑得让人心动。船又过新滩，已经知道我的写作的老爸头，还是将一样的笑留在因为枯水而格外空旷的峡谷里。正是这些带有亘古意味的笑，让我提前在尚为女友的太太面前早早得出结论，老爸头心里已经接纳了我。

果然，从三峡归来的第三天，老爸头让太太约我上她的住处吃晚饭。那晚的电灯有些暗，一点儿也不亚于总也温情的烛光。这样的气氛反而让我和太太变得格外没主意，不知如何将我们的事向第二天就要回安远老家的老爸头提起。微光之下，我们的目光一次次地碰得火星四溅，那些在世俗观念中很难被破除的婚姻障碍，在这样的时刻更加令我们忧心忡忡。让我们万万没有想到的是，第一杯酒刚喝完，老爸头忽然同我们谈起计划中的果园。岁月在老爸头身上留下的痕迹也是恰如其分的平淡，五十九岁的老爸头看上去也就五十九岁。那些实岁五十五，看上去像五十的人可以退休，老爸头却不行，单位里将他当做骨干。留到五十九，单位再也没办法了。老爸头已经写好了未来果园的计划书，包括投资在内，什么都想好了。他知道远离身边的女儿会担心的是什么，计划书里还有请两个

Nver shi Fuqing
qianshi zhaixia de meigui

帮工的安排。老爸头的计划百密无疏，最后一条说的是柑橘三年试果，四年挂果，到了第四年秋天，他要请所有的儿女，包括远在武汉的，去果园尝新。谈笑之间，俨然没有比果园更重要的事。趁着高兴，我向老爸头敬了许多次酒。老爸头只回了一次，而且还不是单独的。正是通过这杯酒，老爸头将一枚定海神针放在我们心头。老爸头端起酒杯，一边示意，一边天高云淡地叫着我们的名字，只用一句简单的话，就将我们提心吊胆了很久的婚姻决定下来。老爸头没说将女儿托付给我，也没说要我们往后甘苦与共，更没说对我们共同生活的考虑与希望。老爸头极目云天地一举酒杯，舒缓地说了句：祝你们健康平安，幸福美满！说完便先将红玛瑙一样的酒一饮而尽。激动之中我已记不得当时说了些什么，但我肯定没有叫老爸头。

等到我也能当面叫老爸头时，女儿已经知道谁亲谁疏了。出生才十个月，又正好生着病的小家伙，一见到外公，居然毫不犹豫地张开双臂，扑了过去。女儿在她的外公怀里美美地呆着，连妈妈都不要了。此前她的舅舅姨父们试着抱了多次，女儿硬是躲在充满母乳芳香的怀里不肯就范。老爸头一点儿也不会哄他的小外孙女，抱在手中只知道乐哈，偶尔想起来了，也只是唤一声她的乳名。女儿却不客气，转眼间就在外公怀里干了一件所有孩子都会干的小小坏事。天生一副笑佛模样的老爸头，出乎意料地说了句，时（屎）来运转！赣南一带的方言隔着一条河便相互听不懂。因为我，一屋的人都说着普通话。老爸头也是这样说的，虽然其中方言味道很重，却足够我听明白。更因为老爸头的普通话是那些总在身边的儿女从未听见过，满屋子的欢笑，一时间盖过了街上迎春的鞭炮声。

老爸头的快乐与幽默，不只是在语言上。此时，他离职快一年了。正是别人大闹退休综合征的时候，六十岁的老爸头，踏着江西著名的红土地独自出行，去那离城四十余里的谢家老屋附近，买下一片荒山，按部就班地挖出一道道沟，一座座坑，栽上用他的专业技术认定过的最好的柑橘树苗。被老爸头用六十岁人生开垦出来的果园里，还盖有一栋两层的小楼。小楼旁边，养有近二十头猪的猪圈，也是老爸头老来的事业。在更远的山沟里，老爸头只是动用少许少年时便拥有的知识，修起一座几米高的水坝。有了细细铁管的引导，天赐清泉自行而来，或到橘园，或到猪圈，或到屋里，无需再加任何人力。就是那些有腿没手的猪，口渴要水喝时，也不用主人帮忙。老爸头在猪圈里安了几只特别的铜质水龙头，大小猪们用嘴一碰，那水就哗哗流入嘴中。老爸头从不赶时髦用绿色当说法，也不去刻意体现环境保护，老爸头只在意对自己毕生所学知识的尊重。在这样的尊重面前，所有的发展都会自行体现持续性。老爸头建圈养猪，是因为种柑橘用猪粪做肥料最好。老爸头还建了一座处理猪粪的沼气池，所有点灯烧灶的问题全都解决在里面。更为奇妙的是，养在圈里的家猪竟然引来一头野猪。野猪来了，不肯再走。老爸头又多了一样想法。用野猪和家猪杂交，这对大学里就是学畜牧专业的老爸头来说，充其量只能算是一种幽默。就像他在城内新华书店旁边开的那家兽药店，有做相同生意的人背后说他是外行那样，老爸头只是快乐地笑一笑，再也不肯多说一句。新生在果园里的一切，有时候真像是老爸头内心深处的一种满足。在职的时候，老爸头总在将与此类似的东西教给别人，几十年了，真正学到刻骨铭心程度的人并不多，更多的人只是出于种种原因在他面前装装样子。老来的老爸头如此倾心一座果园，为什么不能说，那是对自己毕生喜爱事业的归结哩！

在老爸头的词典中，汉语中许多常用的词都被剔除了。别人说去吧，他只说去。别人回答好的，他只回答好。如果涉及到果园，不管有多少事，尚在城里的老爸头绝对只会用三个字：去果园。老爸头说的话都是不可或缺的，那些用来练嘴皮子的词字句子，在他看来实在毫无意义。

自从有了果园，老爸头的话比从前多了起来。也是有了果园，太太往日那种隔山隔水温情脉脉的抱怨也消失了。太太不再说老爸头本不应该生活成这样，特别是老爸头在果园那边屋子里装上电话后，太太对老爸头的想念总能及时到位。每次听她和老爸头说话时，都能听到老爸头在那边邀请我们回去吃脐橙，太太则在电话这头嚷着一遍遍问什么时候才会挂果。这时候的太太终于接受了早先我对她说过的话，凡事只要老爸头觉得高兴就行，如果老爸头不高兴，就是做成天大的事业又怎么样？能在自己所爱的生活中享受个性的自由，当然就是幸福了。

我那永无相见可能的岳母去世数年后，在南昌上大学的太太，意外碰到岳母在江西“共大”的一位最要好的女同学。像亲人一样的南昌陈阿姨，如今也退休了，可整个人依旧风姿绰约容光楚楚。说起岳母，陈阿姨不胜慨叹，其中既有岳母当年比她更富魅力的神往，也有对岳母后来嫁给老爸头的遗憾。按照她的说法，岳母的初恋被那个时代生生扼杀了。对于“共大”文艺宣传队女报幕员的爱情归宿，陈阿姨的不满显然不是针对我们的老爸头，可陈阿姨在说老爸头每次见她都会不好意思时，还是表现出某种遗憾。作为浙江女子，岳母当年报考“共大”时，首要因素是听说“共大”有饭吃。读上“共大”的岳母，的确从每顿饭里省出一些，晒成米干，寄回地美田肥却饥荒连连的义乌老家。在那样的时代，岳母最终将自己的爱情之果，结在根正苗红的老爸头身上，是一件再平常不过的事。

一九九九年的春天，为着我和他女儿的婚礼，老爸头再次来到武汉。“共大”毕业后，一直在南昌工作的岳母的女同学也来了。两位前辈坐在一起，没见到老爸头身上有不自在的地方。话不多的老爸头依然不多说话，总在微笑的老爸头依然笑容可掬。老爸头还将后来的妻子带在身边。他将对我们说的有关果园的一切，新鲜如初地对南昌陈阿姨说了一遍。他那样子让我们这些听过多次的，也觉得新鲜如初。陈阿姨后来说，要是她那最要好的女同学我们的岳母还活着，老爸头决不会这么一把年纪了还去经营什么果园。为了他的果园，老爸头比陈阿姨先起程回江西。送他的时候，陈阿姨开玩笑地对老爸头说，骑摩托车时小心点儿，别以为自己还是小伙子。老爸头笑一笑，没有正面回答。限于尊讳，我没有将心里想到的话说出来。

有了果园的老爸头买回一辆时尚的摩托车，每天都会骑上它，穿过南方的小城安远，去到那个被称做果园的一天比一天葱绿的地方。关于骑摩托车的老爸头，太太一说起来，眼睛就笑成一弯弦月，就像听到我对她说那最亲密的一句话，就像老爸头的果园在她心里每分钟都轮换一下春华秋实。如果没有果园，肯定不会有老爸头的摩托车。有了果园，有了摩托车，老爸头一下子变得青春勃发起来。在为我们制订的各种制度里，有着一过六十岁，无论身体如何，都不可能合法获取机动车驾驶证的条款。为了果园，一辈子生活在各种规矩里的老爸头，敢于从其中走出来，这在他的儿女看来，简直是天大的奇迹。“头”、“古”之类的后缀语是安远一带对男孩的昵称。被后辈叫做老爸头，本是太太小时候没大没小的顽皮淘气，随和的老爸头不以为忤。今日我们在喊老爸头时，言语中自然多了一层敬重与亲近。我那想说而没说出来的话是：不管岳母在和不在，她都会爱这个和果园一起成长的老爸头。一个头发花白的老人还能挤在年轻人的道路上，骑着摩托车风驰电掣，还能将只长杂草的处女地，开垦成鸟语花香的果园，我们能不喜欢并热爱他吗！

城市也有心事

城市几乎收留了它四周各色美好的女子。这让城市早熟了许多。于是一个才五岁的小男孩从幼儿园回到家里，瞅着自己的母亲冷不防说妈妈没有他们幼儿园里的一个小女孩温柔。小男孩率真的表述，其实是天下男人共同的想法，女子美不美，第一要素是温柔。尚不能熟谙男女之别的孩子都有如此念头，何况那些饱经沧桑的男人。说女子不温柔，对女子来说是最胆寒的。

天下风情万种，以水的姿色最为动人；自然界伟力众多，同样以滴石可穿的水为最难抵挡。女人一温柔起来，男人便像夏日里身心融入清凉的池塘。这时候，女子看似风中杨柳轻飚飚的，哪怕垂在鼻子上面也可以不去在意，实际上已在不知不觉中征服了男人。温柔对于女子，是所有美丽的源头。在绳圈里英姿搏杀的女拳手，就算她已具备可以同男性媲美的相对力量，但在绝对力量上，她远不及那些在T型台上款款地走着猫步的女子。那样的女子，不去与谁强硬相向，不去用牙齿和血肉争取自己的地位，腰肢一摇，便如太极高手那样，人还不知自己身在哪里，心已先臣服了。弯弯的柳眉是精美的古典，飘飘的长发是神韵的现代，软语轻声实则是升华男人的粗犷，小鸟依依才使得男人有了无限的天空。一段温柔是人生中最有力的支撑。谁能忘记邻家那个凭窗临风读着书的女子，她不看人，人早已随着书中古今一道伤悲与快乐。谁能忘记当年那位偶然来借墨水的女同学脉脉含情的眼光，她不开口，一只拧开的钢笔帽，像是难得张启的红唇，无言的话语盈满了胸膛。谁能忘记会在办公室角落里用背影对人轻轻微笑的安宁女子；谁能忘记紧并两脚在街头站台上，静静地等着公共汽车的洁白女子；谁能忘记电影院里最后一个起身离座，眸子里仍是一片水湾的黑衣女子——

女子的力量出自她的没有力量。

女子看似软弱之际实则是其最强大的时候。

女子是用纤细来温馨来自成辉煌。

形孤影单无助的女子最能征服男人。很多时候明知那是一个温柔的陷阱，男人仍然义无反顾地蹚过去。温柔的魅力是林间蛛丝织成的八阵图，也只有这些才能系住男人的翅膀。英雄难过美人关，坐守这些关隘的就是那些柔情如水的女子。譬如虞姬，譬如貂蝉。西施用其纤弱复兴了古越国，杨玉环用其丰腴几近葬送了泱泱大唐，王昭君的泪珠可以化做香溪里让人惊艳的桃花鱼。无论读史还是诵今，从来只有温柔的女子才能沉鱼落雁，倾国倾城。

男人向往情缘时，哪怕最焦渴，也绝对消受不起也不欣赏女子的尖锐与刚烈。这一点是男人的天性，任谁感慨不公也没有用。只要世界还有性别之分，男人就只会偏爱温柔的女子。女子千万别指望在哪天早上醒来，男人已变得大度，可以一视同仁地将天下不同性格的女子全都像温柔一样礼遇。更别轻信男人能够包容一切的许诺。女子过于张扬自己，哪怕是真心爱过她的男人，有一天也会突然像雄狮那样怒吼一通，或是像从冬眠中醒来的黑熊一样默默扭头，从此一去不返。

是不是淑女，是淑女的又该符合哪些条件，男人并不去认真关心。男人要的是第一眼碰上的女子能让自己怦然心动，能让自己魂不守舍，心不在焉，最终再加上惊心动魄更好。只有心怀功利的人才会去问一个女子的学历如何，是否有家学家修门当户对。面对女子从身心里流淌出来的爱河，男人开始会由衷地欣赏她的一切，包括她的学识、她的见解和她的执拗。可是用不了多久，男人就会不喜欢她的学识、不屑于她的见解和不耐烦她的执拗。男人在经历这一变化时，后来的模样并不是对先前的虚伪。男人就是这样，说是德性也好，品行也好，属性也好，他们在开始时是真诚的，那些热情和浪漫也让男人将自己夸张了许多，但这些不是男人的错。当然也不是女子的错，产生这种错误的是那种被称做情感的东西。男人后来的变故也是真诚的，因为他们本来就是这样的。他们这样做只是还其本来面目。淑女不淑女对男人只是一个话题，偏偏这种话题又是女子喜欢听的，所以男人从不在男人面前谈女子成为淑女的必备条件，男人只会将那些理想的玫瑰色彩大把大把地在女子面前炫耀，好像对女子的评判标准越高越能显示出自己的高贵。女子不明事理，以为男人真的服气那一二三四条，到头来女子比男人更关心自己做到哪个份上才能晋升为淑女。在实际中，淑女早就是女子们相互攀比的一种古老的时尚。

不用去引经据典，也不用去分辨事理，就从生活中看，从现状中说，对女子，天下男人实在的想法从来就没有变化，美好不美好，就看她是否温柔美色，是否善解人意。至于身材相貌，那是燕瘦环肥各人有各人的喜好。天下的众多明星女子有几个能够称得上是淑女？她们风骚十足，不怕红杏出墙，不怕春光外泄，茶余饭后尽是她们的韵事风流。等等这些，丝毫也不妨碍她们成为千万男人的梦中情人，就因为她们能将女子最基本的东西做得最有质量。除去最基本的，男人其余的赞美与追寻都是靠不住的理想。

男人的情绪终归要有一个归宿，要站在地上、坐在凳上和躺在床上，要将理想中的诗意，变成一个个坚实的感受，要酣畅淋漓、赏心悦目和如胶似漆。从来没有哪个男人会因苦苦等待淑女的出现而错过年华，也没有哪个男人痴痴呆呆地要将自己的女子改造成为心目中曾经的淑女。话说淑女，是男人心有旁骛的苗头。是男人纵使不能朝三暮四，也决不肯恬淡寂寞的最后的挣扎。对淑女的一代又一代的追究，只是男人们在洞知自己所爱所处的女子有种种不足之后的又一次奢望。

所以，淑女是什么，基本与女子无关。丢开哲学和逻辑后它只是城市的又一件心事。

活着真好

一九九七年七月二十日早上五点半，河北作家何申与叫醒电话几乎同时将我从大连市棒槌岛宾馆417房间的卧榻上叫醒。匆匆忙忙起了床，拎起头天晚上就收拾好的行李，便往楼下赶。宾馆门前的一辆小面包车里塞满了来自全国各地的十一位作家，大家都是参加了中国作协举办的全国中年作家创作座谈会后，急着往家里赶。车里坐着作家出版社总编兼社长张胜友以及叶文玲、赵玫、韩静霆、杨东明、张平与何申等。我上车时，大家都说只等我一个人。我在这个会议上备受关注——他们都不承认我是中年，说我是混入中年作家队伍，这也是整个会议上一个总让人提起的笑话。大家都善意地取笑我，谁都没有意识到这是一种挑战。

我是十四日下午从武汉王家墩机场飞到大连的，那天武汉被今年夏天的第一场暴雨“洗劫”过，送我到机场的司机小刘开着伏尔加轿车就像驾着一艘小艇。这之前我在航空售票处买的一张返程票竟被售票员弄错了，成了又一张飞往大连的票，幸亏及时发现及时改了过来。在大连的几天里，我和河南作家杨东明只要一有空儿就下海游泳。杨东明在会上发言时说他和我在海滩上换游泳裤时也在谈着文学。惹得一向工作严谨的中国作协党组书记翟泰丰同志都忍俊不禁了。总之这几天过得很轻松愉快，尽管有先前的那么一点儿预兆，但根本引不起我的警惕。

从棒槌岛到大连机场的路水汪汪的。据说大连三个月没下透雨了，但十九日晚下了一场大雨。路旁盼雨的大连人在雨丝中行走，脸上很高兴的样子。

车上的人除了我以外，别的人都去北京。本来去北京的航班是早晨八点起飞，而经武汉至深圳的6331航班是八点十分起飞，我正和张平说着话，广播里忽然传出声音，让6331航班的乘客马上登机。当时我有几分快意地对张平说，自己先走了。

我的登机牌上写着的座号是19排A座，飞机是麦道型，机号是2136。找准位置坐下后，一扫眼发现自己的额头上正是紧急出口的拉手，我心里下意识地想了一下什么。接着我又发现地毯上有一根约八十厘米长的硬塑镶条胡乱躺着，我本来打算告诉空姐，但《北方航空报》145期上一篇题为《小姑娘，你平安到家了吗》的文章吸引了我，我一直在读它。然后飞机启动了，接着便加速到风驰电掣般的模样，就在飞机正要拉起的那一刻，机身被猛刹了一下，飞机和我们狠狠抽搐起来，放在脚边的皮包一下子不知飞到什么地方去了。飞机仍在滑行，跑道两旁的景物飞快向后退去，机身又抽搐了几下，在剧烈的颠簸中，机舱陷入一片黑暗。这时跑道不见了，舷窗外是丛生的野草和越来越近的围墙和矮房。在巨大的恐慌中，飞机突然不动了。机舱内出现一阵极短的死寂般的沉静，紧接着就爆发了一阵阵惊天动地的哭嚎与骚乱。大家纷纷站起来后，有人大叫了一声说别慌要听空姐指挥。随后的等待仿佛非常漫长，其实也许只有几秒钟，在某个瞬间，我突然伸出手一拉紧急出口的门把手，一扇门朝我怀里倒来，我不顾一切地，从那个生命之门中钻出去，先跳到机翼上，接着又跳到地上，在我的身后人们纷纷地跟着猛跑。我回头看了看，巨大的起落架飞出几十米，坠落在草丛与泥水中，脚边到处洒落了不知是什么的金属零件。我们是从左边机翼上逃出来的，这时我们还不知道右边机翼已断成两截，航空汽油像泉水一样往外喷。一个女孩面色苍白地问我：怎么会是这样！怎么会是这样！我有些镇静了，伸出手将她的小手紧紧握了一阵，说不要紧了！我只说了这么一句话，女孩紧随我在水中走了很长一段路，才站到跑道上。

天上下着雨，远远地看见机组人员和乘务人员从倾斜在草地中的机身旁最后离开，让人心惊肉跳的大火与爆炸没有发生。大约过了十几分钟，红色的消防车和白色的工程车才驶过。我看见工程车上坐着的几个人还在嬉笑。一位空姐走近我们用颤抖的声音请我们站到一起去，有几个乘客愤怒地围上冲着她叫骂。空姐脸上似有泪痕，她哆嗦着嘴唇极委屈地用目光看着大家。我忍不住上去要大家别骂，立即有更多的人异口同声地说，她们也是受害者，而且还是最后离开的。骂的人不做声了。我站在跑道边：望着几乎没入草丛中的飞机总不敢相信这是真的。

客车将我们送回候机厅，何申第一个望见我，他问我怎么又回来了？叶文玲也冲着我站起来，而我几乎是扑过去，紧紧地拥抱着他们，并大声说，活着多么好，活着真好！他们尚不知已发生空难，听我说后，张胜友马上要了咖啡给我压惊。大家纷纷围过来，将我按在板凳上坐下来。赵玫又说谁叫我混进中年，并问我到底多大年纪，我说自己一岁还不到。的确，就在这么短的时间里，我像是再生了一般。

机场内许多人也不知刚才所发生的一切，但地勤人员一个个神色严峻。后来的时间里，我突然想到，如果没有下雨，没有积水，机身摩擦地面的火花，也许早将一切焚为灰烬。如果不是机长技术精良，没让飞机在跑道上倾覆，也没让机头撞上围墙，否则自己此时不知成为何物了。下午一点十分，依然是麦道飞机，但机号是2105，航班号还是6331，我们乘着新飞机时看到那架2136号被各类车辆围着，远远看去极像哪家小孩拆毁了的飞机玩具。这次我换了登机牌，是20排E座，又是紧急出口旁边，中南政法大学的一位大三女生要同我换座位，我欣然同意。飞机经过一段滑行后，突然一昂机头将陆地向下抛去，一百多名乘客不约而同地鼓起掌来，这是大连机场这一天飞向蓝天的第一架飞机。

女儿书二

快乐的人，会得到别人发自内心的尊敬。

人是一种易碎品

这是一个发生在美国，却可以让全人类深省的故事。

故事中的儿子被送去越南打仗后，老罗伯特就开始向白宫抗议。

第一次去到那片满是玫瑰香的草坪时，老罗伯特的儿子仍在空军基地里与同伙们一起打三人篮球。球赛结束时，儿子还打电话回家，兴高采烈地形容如何赢了朋友二十美元，朋友如何夸奖自己，等到打完仗回家，一定可以进NBA，然后举家搬到富人区去住。从电话里可以听见那种身躯庞大的大力神运输机，像怪物一样尖叫。老罗伯特因此对儿子说，他必须为儿子和自己做些事情。老罗伯特放下电话就去警察局登记，在相关表格上填写自己示威抗议的地点、时间和内容。老罗伯特顺便将儿子的话对那当值的警官说了。警官差点儿将表格收了回去，他说老罗伯特不应该儿子还没去越南，便开始责骂总统。

老罗伯特固执地运用着宪法所赋予每个美国公民的权力。

那一阵像他这样的人非常多。有时候，大家各站各的地盘，零零散散地举着各自的抗议牌。有时候很多人相邀到一起，浩浩荡荡地简直要将白宫淹没掉，逼得官方不得不将骑警派出来。

儿子在越南打了三年仗，老罗伯特少说也在白宫一带抗议了一年半。每天早上老罗伯特都会将那只旧篮球打上气，到了傍晚再将儿子的球衣球鞋收拾干净，临睡时还要将闹钟定在儿子每天早起练球的时间上。等到闹钟将自己闹醒了，老罗伯特必定要在自己屋里大声叫着，说儿子又睡过头了，小心去晚了教练又要踢他的屁股。儿子离家三年的最后一天，老罗伯特将他的抗议牌上的文字改写成：总统先生，你让我儿子错过了三个NBA赛季，我可不想让他错过第四个赛季！前年你是混蛋，去年你也是混蛋，今年你还是混蛋，难道明年你仍然要当混蛋吗！老罗伯特像往日一样在白宫前面站了两个小时，回到家里，还没放下抗议牌，就听见电话铃响。

电话是儿子打来的。儿子用一种平静得让人奇怪的声音说，他在越南的任务完成了，马上要回家了。老罗伯特听出儿子的声音不同以往。早先回来的患有越战综合征的老兵，也是这样说话。老罗伯特又急又喜，他要儿子快回来，军队上的破东西能不带的都不用带，免得耽误回家的时间。儿子也是每时每刻都在盼着回家，在家里睡觉不用怕做梦时被越军俘虏了，也不用担心吃晚餐时会受到越军的偷袭。眼看着马上就能到家，儿子却有一件十分紧迫的事要老罗伯特答应。儿子有一位朋友，三年当中从没分开过，在执行回国前的最后一次任务时，被越军的地雷炸断了一只胳膊和一条腿。

儿子问老罗伯特："你能让他住到我家里吗?"

老罗伯特问儿子："难道他没有自己的亲人和家?"

儿子说："除了我们这儿，他哪里也去不了。"

老罗伯特说："你的朋友处境真让我遗憾，可我还是觉得他应该去找总统！是总统让他变成这个样子的，所以总统必须对他负责到底!"

儿子说："总统如果能对每个人负责，他就不会自己躲在白宫里，而让我们去万里之外，打一场谁也不想见到的战争！”

老罗伯特说：“如果总统不管，就让他学我，天天去白宫门外抗议！”

儿子说：“我的朋友不想这样，他只想有个家，而我也想他和我们天天生活在一起！”

老罗伯特说：“都是该死的越战，让我们背着这些该死的负担！你可能还不明白自己说这话的分量，你的朋友不是只少一只胳膊，也不是只少一条腿，他是胳膊和腿都没有了，这对一个家庭来说负担可是太重了。这三年里，你一定很少碰篮球，我一直在替你想，哪怕打仗再累，回家后的第二个小时就得开始训练。你还记得从前的教练吗，他都快忘记你了。前几天我去他那里看了看，他手下又添了好几个打小前锋的家伙，个个身手不凡，所以，从现在起，你得忘记所有战场上的事，包括你那位朋友。”

儿子说：“你不了解我的朋友，他非常懂篮球，他完全可以坐在轮椅上给我们当教练！”

老罗伯特说：“既然能够当教练，那他为什么还要缠着你！让他去吧，你这样同情他，说不定还会害了他！我不能让他继续干扰你的生活，如果你不好对他说明白，那就由我来说好了！”

老罗伯特还有不少话要说，儿子在那边挂上了电话。

这时候他才想起，自己忘了问儿子是在哪里给家里打电话的。

路边的霓虹灯亮起来时，警察局那个总和老罗伯特打交道的警察打来电话，说他的儿子从附近一座高楼上跳下来摔死了，所有证据毫无疑问地表明，他是自杀的。警察所说的高楼出门就能望见，老罗伯特从那座高楼前经过时，地上果然有一摊血迹。儿子的遗物非常少，除了一纸证明文件，再也没有任何与军队有关的东西。就连那本厚厚的日记上也没有一句与军队或战争有关的话，从头到尾都在说篮球。清点完遗物，去看尸体之前，警察再三提醒他，到时候不要过分悲哀，小心自己的心脏，如果没有把握，那就趁早吃几片控制心脏病发作的药。老罗伯特不满地说，如果儿子死在越南他当然会伤心，一个男人，自己跑去跳楼，无论如何是不值得别人为其掉眼泪的。这时候老罗伯特还不忘记骂几声混蛋总统，非要说只有混蛋总统才会教出来这样的士兵。

警察带着老罗伯特进到停尸房。

在一具只有一只胳膊和一条腿的尸体前，警察对老罗伯特说："对不起，这就是你的儿子。"

老罗伯特惊愕地问："我儿子从高楼上跳下来怎么会将胳膊和腿都摔掉了？"

警察要老罗伯特打开军队给他儿子的证明文件看一下，那上面写得很明白，老罗伯特儿子的一只胳膊和一条腿是被地雷炸掉的。

老罗伯特伤心地埋葬了儿子后，又想去白宫门前抗议。他去过警察局，警察问理由时，他站在那里一句话也说不出来。警察说，他心里有一句话，如果老罗伯特愿意使用，他可以无偿转让。警察的话是：人是一种易碎品。听到这话，老罗伯特的头发就一块块地白了。少数仅有的黑发留在上面，模模糊糊地倒也像写着什么急着要说的话。老罗伯特没有去白宫，他将这话写在儿子的照片上，然后挂在自家门前。

骄傲只是过程

华人在海外以美国最多，在美国又以旧金山和洛杉矶为最多。

华人们有一个共同的特点，无论宣誓入美国籍多久了，只要一见到中国人，他们便自然地又回归本来身份。

一个笔名叫大白的老华人，刚与我们见面，就迫不及待地讲起一九八四年洛杉矶奥运会的情景。大白是从台湾迁居美国的，在洛杉矶住了三十多年，属于当地侨领一类的人物。一九八四年以前，美国的华人多数是从台湾去的，他们对大陆的情况几乎没有什么了解，对五星红旗和中华人民共和国国歌也谈不上有多少印象。当奥运会来到家门口时，他们很自然地接受了来自大陆的国旗和国歌。那一年大白老人只有五十多岁，他和许多华人一起亲眼目睹许海峰夺取世界冠军，接下来又是中国女排击败美国女排，大白再也按捺不住了，带上一批又一批的华人上街游行庆祝。许多华人像他一样，一边疯狂地叫喊，一边亲吻着比赛场上的地板。奥运会结束后，有半个月，大白的嗓子哑得说不出一句话来。十几年过去了，大白也开始随身携带着美国政府发给的老年人优待卡。说起当年那一幕时，他的眼眶里又湿润起来。

在美国出版有二十几家中文报纸。这些报纸上的主要内容从来就是台海两岸的各种消息，如果单凭新闻内容来判断，它们更像是中国国内的报纸。我们到洛杉矶时，正值陈水扁行将就职，美国国会众议院将要表决，是否给予中国永久性贸易最惠国地位的法案，同时美国总统大选和国会改选也到了如火如荼的时候。但在中文报纸上，对后者的报道远远低于前两项。中文媒体与美国主流媒体的传介倾向完全不同，在美国主流媒体上，关于两岸的新闻反而极难见到，他们宁肯用特大篇幅来尽情渲染，一个家庭游泳池的承包商，如何获中美国有史以来最大一笔计三亿多美元的彩票奖，并且如何地三天三夜没有合上眼皮。

美国是一个务实的国度，他们的眼睛里从来就没有虚无飘渺的东西。只有美国人才能想到要制造出可以测量谎言的机器。他们认为爱国不止有“王师北定中原日，家祭毋忘告乃翁”一种境界，对宗亲的崇拜也是一种爱国的行为。华人确实在让美国政府难堪，一谈起爱国，华人首先想到的不是国籍国，而是自己的故国。所以美国联邦调查局将在美国的所有华人同乡会，一概列入黑社会名册。华人不可撼动的中国心，是他们多少年来一直难以融入美国主流社会的原因之一。

美国人非常擅于以傲慢来表现自己。

他们在国会开会时如此，在安理会开会时也如此。

在洛杉矶机场入关时，我特别不能容忍那个守着其中一个通道的人，不时像熊一样瞪着黑亮的眼睛打量着又一个面对他的华人和中国人。当他一如先前那样盯着我看时，我毫不含糊地将自己的目光迎上去，一动不动地与他对视着。一段时间后，那人的目光终于从我的目光里挪开了，然后慢吞吞地用三种钢印在我的护照和别的证明文件上戳了三下。拿回自己的护照后，我还是说了声谢谢。那人一声不吭，继续用那阴阴的傲慢的眼睛盯着代表团中的下一个人。十三人的代表团有十个人陆续从国际区里出来。轮到第十一位时，那人的眼神突然变了，像是终于逮到一个偷渡客。他将递上去的护照反复看了又看，旁边那个性感的女警察得到某种信息，一下子变得警觉起来。好在护照没有问题。在我们的人的指点下，那人终于明白，护照上不仅有来美国的签证，还有去日本的签证。那人看到去日本的签证后，脑子转不过来弯，想不出一本厚厚的护照还有不少地方可以看看，也值得他多看看。过了一阵美国人的生活后，我也想通了。那人并没有做错什么，做错的是我自己。我在心里对美国人要求太高，先入为主地认为美国人不应该这样对自己和他人。其实在中国本土上，这样的眼神哪儿没有？上银行取自己的钱存自己的钱时，一进门总要被保安这么盯一阵。在超市里正全神贯注地选东西时，突然间就会有一道火辣辣的目光射入衣襟……

一个人的傲慢往往是别人的谦卑成就的。美国人也不例外。无论是谁，只要自信地与他们交涉和交往，反过来他们会非常热情。

离开美国之前，美国朋友带我们到号称世界上最大的商场去购物。

在见识过商场之大后，我问：这就是你们最大最好的商场？

美国朋友说：yes！

我告诉他：武汉有三家比这儿大的商场！

美国朋友愣了愣后，不好意思地自圆其说：在美国，这家商场确实是最大的。

在美国人的潜意识里，就是这样认为的：能在美国排上最好最大，在全世界也一定是最好最大。

我和哈萨克族作家艾克拜尔·米吉提脱离大队人马钻进商场里

的香水区。凭着人类祖先的语言，我们成功地进行了一场不亚于史广生与巴尔舍夫斯基之间的贸易谈判。我们用男人粗鄙的鼻子嗅过几个美国品牌的香水后，彬彬有礼地打着手势告诉美国小姐，她们的香水味太浓，只适合于体味重的美国女人，我们各自的太太都是东方女子，更喜欢天生恬淡的法国香水。

艾克拜尔·米吉提突然间说出一个英语单词：法兰西！

美国小姐随即反问：法兰西？

艾克拜尔·米吉提一扬眉梢说：yes！

美国小姐一下子兴奋起来，赶紧满商场替我们找法国香水。后来，她满脸羞红地回来对我们说：没有法兰西。

艾克拜尔·米吉提继续用记忆里尚存的那些英文单词说着：你很美丽。你不完全像美国人。

美国小姐高兴地说：我父亲是犹太人。我母亲是泰国人。

这时的美国小姐接近成为，一个对作家有着天生崇拜的中国本土女孩。

离开香水区老远，只要我们回头，还能看到那个美国小姐抛过来的微笑。

那个美国小姐在与艾克拜尔·米吉提对话时，将英语语法放在一旁，跟着他，用一些单词来表达心中的意思。

我突然觉得，就是在对中国文学完全不了解的美国人面前，中国作家也有足以骄傲的资本。

直率的背影是什么

生活在美国，如果没有十足的自信，人性会很压抑。

美国人是世界上最直率的。他们怎么也学不会掩饰人的原欲，反而将人的原欲演化成种种可供欣赏的艺术。

在洛杉矶时，洛杉矶交响乐团的一位小提琴手来饭店看我。他以为像我这样的人会不好意思去看脱衣舞，便正色地告诉我，不能将什么都当做色情，它其实是美国文化的一部分。我只好同样正色地告诉他，只要他能去的地方，我也能去。我们约好，待从东部回来时，怎么也要去看一看纯正的美国民间艺术。从东部回来，代表团的公务让人没法分身，终于没有看成。由于消费水平的差距，到过美国的中国人真的不一定都看过脱衣舞。然而到过泰国的中国人，都看过脱衣秀和人妖秀。只是无人公开承认。

在拉斯维加斯时，深夜里我们在埃菲尔饭店外面遇上三个戴着牛头面具的美国女孩。她们年轻时尚，浑身有一种让人难以抗拒的魅力。我有些冲动地离开我们的人群，走上前去。后来，我将自己的举动等同于平素一向很绅士的英国足球流氓。

我说：我喜欢你们。

我又说：你们非常性感。

女孩们听了我后面的话，其中一个快乐地说：你能带我走吗？

我说：是的。

我拿出照相机。女孩们搂在一起一齐笑起来。有两只胳膊像云一样落在我的肩与腰上。照完相我们边走边笑，走出老远，还能听到她们在身后开心的笑声。我知道，这种中国女孩不会有的笑声将会长久地留在心里。人在面对美时，完全没有理由不自信。人的自信,是一切快乐的源头。我快乐,别人也很快乐,这是最好的交流。

快乐的人，会得到别人发自内心的尊敬。

我们是在早上离开拉斯维加斯的，走前主人带领我们在拉斯维加斯大街上走了一阵。

他再三说：白天里没有千姿百态的灯光来装饰，拉斯维加斯的风光丝毫没有什么好看的。

我说：也不，那些印在广告册上的女孩就很漂亮。

主人听后大笑不止。对于广告美女，我们不去做广告上的交易就够了，绝对犯不着对那确实美艳的女子连看一眼都不屑。正如现在必须面对的美国。我们不可能按美国的样式来复制一个国家。我们可以观察，不多见何以识广。

近两年，美国有这样一种说法：自从成龙成为好莱坞巨星后，美国女人才发现中国男人也很性感。

我喜欢这种另类的评价。

性感的意义用在人身上时，表示遇上了搅乱自身方寸的诱惑，是一种比美丽更让人心驰神往的魅力。性感用于国家时，不仅是它的强盛，更多的是国家机器与其个人实现了全方位的和谐。

对性感的表述，在任何地方、任何时间都会让人怦然心动。

初到洛杉矶时，我曾以为朋友送的最新款电子记事本上的国际时间出了问题。因为它显示的洛杉矶时间，比真正的洛杉矶时间慢了一个小时。美国大陆横跨三个时区，各个时区都实行时区时间，而洛杉矶所在的加利福尼亚州还同时实行夏时制。在美国走动多了，一不小心就被那复杂的时间关系弄得稀里糊涂。

来美国的飞机上，一个带着婴儿旅行的华人女子，手腕上戴着一只有三套时间显示装置的手表。在我想来能够同时显示出北京时间和纽约时间就够了。我以为手表上的第三副显示装置完全是多余的。她却说，这只手表在美国还不够用。从美国西部到东部，又从东部到西部，穿行两次后，才知道女子的话完全有道理。否则，哪一天将时间弄丢了一截，还不知道到哪儿去找。

中国同样要跨数个时区，我们实行的是一个北京时间，前几年试行了一阵夏时制，结果视为添乱的一种被取消了。照我们的习惯，美国一定乱成一团麻。真不知道美国人是如何应对的，尽管这儿是七点，那儿是八点，还有九点十点的地方，除了不了解美国国情的老外，美国人自己一点儿也没有不习惯的。在五月份，洛杉矶与纽约间有三个小时的时差，我们是下午三点多钟起飞的，实际飞行时间在四个小时左右，等到达纽约，几乎是深夜了。

美国国内航线上的航班，服务水平还不如从武汉开往北京的38次高速列车。我曾要过一杯喝的，在连续说了三次后，乘务员才将一杯可乐送来。更不可思议的是，无论飞机起飞还是下降，乘客的安全带是否系好了，基本上无人过问。就是乘务员自己，也要一直张罗到飞机的起落架放下来后，才找地方坐下来。准确评价，美国国内的航班就像是一辆穿梭不息的大巴。这一点美国人同我们的认识相同。美国国内的航班太多了，我们在底特律一处机场候机时，跑道上，光是美国西北航空公司的飞机，每分钟就有一个架次的起落。让人不可忍受的是，美国人开飞机就像玩冲浪一样，飞机上的那种颠，简直就是哪里气流急飞机就往哪里钻。起飞时要好一些，临到降落，飞机一点儿缓冲也没有，见着跑道就一头扎下去。

我的话在美国人听来只是一种幽默，认起真来，他们反倒不明白，难道飞机还有别的开法！

美国人不像有的国家那样，将最好的东西留给自己用，次一点儿的东西出口欧美，再次一点儿的东西才出口中国。况且飞机这东西谁能算得准是谁坐呀！有一个理由是站得住脚的：美国的飞机实在太多了，他们对这种东西早就习以为常。正如中国的公共汽车，哪怕确实有毛病，也敢将它开上大街。

性感在另一层面上，是在表示一个人有着可爱的缺点。

迷失之悲

到纽约的那天，记忆里只有驻纽约的中国总领事、中国驻联合国的副代表和侨界、商界的头领们，为我们举办的那顿欢迎晚宴。地点在纽约的新唐人街。新唐人街居住的中国人主要是从台湾来的，先前他们居住在曼哈顿区著名的唐人街。用他们的话说，老唐人街沦陷了，落到从大陆来的中国人手里，所以他们要搬家。与此相似的情形在洛杉矶也存在，这些年从大陆去美国的人日益增加，总量上已超过从台湾去的中国人。洛杉矶最有名的华人聚居地小台北，在私下已被叫做了小上海。晚宴上有一位略显神秘的女性，东道方在作介绍时，没有像别人那样介绍得清楚。后来才知道，她是纽约警察局里那位华人副局长的妹妹。华人太难在美国政府里谋得要职，好不容易有了一个做高级警官的，就要想尽办法用足这项资源。只要是中国人，不管是在海外，还是在本土，有些东西是难以改变的。江山易改，本性难移。这话用于一个人有道理，用于一个种族群体同样有道理。

那几天，纽约华人社区里发生了一件大事：一个华人店主指控当地警察，在几个少女抢劫她的商店时，犯下不作为过错。华人店主遭抢后马上向当地警察局报案，过了一个小时警察才赶到。警察也有理由，他们以为这一次仍会像以往一样，辛辛苦苦地赶到现场，却找不到人做证，来了也白来。华人们明哲保身的处世方式，使美国警察在处理华人主控的案件时，越来越少在第一时间里赶到现场，甚至第二时间也不能做到，常常是第三或第四时间。这一次，警察们判断错了，有六位店主出面联手指证，那几个少女先前就曾在他们店里抢劫过。因为此前在华人社区里罕有这样的事发生，所以引起了轰动。

美国人从华人的行为里获得一种错觉，以为中国人天性懦弱。

美国的法律在反种族歧视上有很多具体的规定。譬如：好莱坞电影总是由不同人种来共同出演，如果实在不好将有色人种与白人安排为主角与配角，也会定时在闲散的背景人群里找出一两个黑种人、黄种人或印第安人来，并给以一定幅度的特写。这些曾经被我们认为是一种电影色彩美学，实际情况是，美国的《反种族歧视法》里明白地写着，在所有电影电视节目中，每五分钟必须出现有色人种形象，否则，就会犯下种族歧视罪。美国国会议员本来是在为他们的政治抹彩，没料到歪打正着，逼出了好莱坞电影上丰富的人种色彩。

作为美国的少数民族，华人的地位仍然处在堪忧的分水岭上。

平心而论，造成这种境况的主要因素还是华人自己。华人在美国真正融入主流社会的并不多，更多的华人只能生活在华人社区里。从二十世纪起，华人就在美国开餐馆，开洗衣店。差不多过了两个世纪，其间经过几代繁衍，直到现在，这两项职业仍是众多华人从业时的首选。

安分和俭朴一直是海内外华人受人称赞的美德，但在一个文化背景、民族性格完全不同的社会里，这样的美德反而会对自身的生存状态带来良机痛失的遗憾。唯有放在美国这样生机勃勃的社会里，才能感受为何美国男人女人都说中国人不性感。性感的人，肯定是不害怕欲望，也敢于拥有欲望，并且将自己的欲望作为生命的一种潜能，加以爱护和发展，使其始终保持住一种火山欲喷般的活力。在这一点上，天下的中国人以及华人明显不及美国人。

到纽约的第二天，我们冒着雨来到位于曼哈顿岛上的唐人街。

或许是因为下雨的原因，阴阴的唐人街上透着一股熟悉。假如偷渡客被人用集装箱一下子从中国本土的某个港口运到这里，他们重见天日时，一定不相信自己已身在美国。唐人街上的英文标识比武汉市江汉路上的洋文还少，唐人街上由人随手扔下的垃圾却比江汉路上的垃圾多。一个黑人警察懒洋洋地站在我们进入唐人街的丁字路口上。已是午后了，黑人警察身边还有一大堆垃圾。一辆拉垃圾的卡车停在垃圾堆旁。黑人警察皱着眉头，嘴里不知在嘟哝着什么。

在"亚洲旅行社"醒目的招牌下，我们的车停了下来，说是要在这里吃中国餐。或许是来美国之前怀着太高的期望，对唐人街上的这顿中国餐，简直是是可忍孰不可忍。给我们的面条口味可以不说，难受的是弥漫在餐馆内的那股怪味。换了在国内，肯定是要换地方的。正在皱眉头时，身边的两个人同时抬起手臂，撵着一只在空中飞来飞去的苍蝇。这只苍蝇走开片刻，再回来时，竟带着三五个狐朋狗友，像地痞一样绕着我们不肯善罢甘休。为了与之对应，在空中挥动的手臂增加了几只。那几只苍蝇怎么也不肯走。苍蝇没赶走，反倒惹来四周一片目光。我们当中有人嘟哝一声：算了。大家将手放下来后，还有人不甘心地说，怎么苍蝇只会往我们这儿飞。话没说完，隔着一张桌子，两个女人突然尖叫起来。餐馆里顿时一片骚动。大家都在往地上看，虽然没有人说出来，但谁都知道地上一定有老鼠。我们匆忙地吃完面条逃到街上。

这时候，雨停了，街面上到处都是黄皮肤的东亚人。无论有没有禁止行人通行的红灯，都能看见三五成群的人在抢道。这是我在美国见到的绝无仅有的一次。美国的道路交通管制不像中国本土，只管机动车辆不管行人。在美国，行人不按规则过马路，被逮住后，罚款还是小菜一碟，更重要的是，这项记录会使个人的社会信用降低。由此带来的影响可是太大了。首当其冲的是，上银行贷款会遇到麻烦。按先前的社会信用可以一次贷款十万元，因为这项处罚，很可能一下子降低到只有先前的十分之一。对于将明天的幸福用于今天享受的美国人，简直就是飞来横祸。我不太明白，美国的国家机器对唐人街是疏于管理，还是睁一只眼闭一只眼。是前者尚可以窃喜，若是后者就很悲哀了。因为它意味着美国在华人问题上还存在着另一层面上的歧视。这种歧视比在诸多事务上的排挤更可怕。

我不得不狠着心说出我所想到的大实话：小气的唐人街上有种恶俗。既没有祖宗血脉传下来的五千年沧桑，也没有祖宗精髓传下来的五千年儒雅。一家家小店小铺里满溢着绵绵无绝期的生存挣扎。在更小的咖啡店里，一个迟暮的老人，嘴里叼着一支几近烧完的烟蒂，迟迟不肯吐掉。眼皮不紧不松地眯着，不太能够与脸上的皱纹分清。守着炉子上的一壶滚烫的开水，默默地盯着那最后一名客人已经离去的空座。那样子很像乡下的放牛老人，在黄昏时坐对山坡上仍在吃草的老牛。

我看见，泰山黄河的博大，江南丝竹的婉约，都在唐人街上化作汉语中的一个句号。

为什么在没有受到美国国家制度压制的情形下，华人身上仍有一种说不出的压抑？

我们可不可以将其理解为，习惯了礼教的一类人，在自由面前的迷失！

朴实的阔绰

这天黄昏，代表团一行十三人全都在华尔街上徜徉。

我们刚刚得知，“新浪网”的股票昨天在华尔街股市上暴涨了十几个点。我们当中的网虫虽然上的都是新浪网，可谁也没有新浪的股票。我们对华尔街毫无感情，华尔街也对我们板着脸。街上的游人在走来走去，地面上有许多用黄油漆白油漆描出的数码图案，间或还有一两句就连翻译也没见过的英文短句。我们只好估计，它是这条街上专营业务中的专业术语。街面很窄，由小小的十字路口分出去的四条街巷有种深不可测的模样。由于过了下班时间，各处楼宇都紧闭着大门，只有对着教堂的街口旁有座楼还开着门。我在门口犹豫一下才走进去。没有人来阻拦我，好像我就是那常来这儿，为道琼斯指数和纳斯达克指数的飙升与狂泻而喜怒无常的经纪人。空荡荡的大厅里，算上我也只有三个人。我只在楼内呆了不到五分钟。那两个像是“黄马甲”的人，就分别往楼上跑了两个来回。速度之快，让我不由自主地联想到，若是让他们参加帝国大厦每年一度的攀楼梯比赛，恐怕别人就别想赢了。楼内很简朴，特别是大厅，如果面积小一点儿，便更像自己所供职的单位大楼前厅。我曾经用魏晋碑刻的神秘古拙来形容过单位大楼的陈旧，同时也含着破败的意味。

我从大楼内出来，眼前的华尔街完全是一幅褪色的欧洲文艺复兴时期的油画，只需平常的光照，就能体会到在时间的印记下，超凡脱俗的意蕴。这种感觉连我自己都有些奇怪。华尔街毫无疑问是个充满铜臭的地方，人在贪婪时的种种丑行，从来就是这条街上最方便的通行证。这个问题让我想了很久，直到回中国的飞机在靠近北极圈的空中飞行，地上白雪茫茫，很少见到人的聚居点时，我才豁然明白，华尔街上的那个奇想，源于那一刻华尔街的主人们已离开了，只有我们这些过客，在扮着凭吊与拜谒的样子。

我正愣着，代表团的一位成员上来幽默地问：怎么没有跳楼？

我说：叫索罗斯抢先了。

我们正在十几座高楼间，为掀起东南亚与俄罗斯金融风暴的索罗斯选择住处，一架私人直升飞机出现在华尔街狭窄的天空上。直升飞机在一处楼顶上停了一会儿，接走华尔街上的某个大人物。几分钟后，又有直升飞机飞过来，在我们头顶上寻找地方降落。

华尔街的地位太重要了！它的脉搏稍一加快，全世界就患心脏病。它刚放屁，全世界便一刻不歇地开始拉肚子。如此金融重地，按中国本土的习惯，不建上一溜富丽堂皇与云共舞的顶级高楼，似乎就不能显示银行的钱多。如果想看楼，真的不如去位于武汉市建设大道上的金融一条街。喜欢用一些夸张的材料来装饰外表，这一点是包括中国在内的整个亚洲人的欣赏风格。平素总要弄点儿花哨出风头的美国人，在建筑美学上则趋于保守，无论是民居小楼还是商住大厦，基本上以稳重为主调。从洛克菲勒家族拥有的十三座大楼到世界贸易组织所在世贸中心，无一不是如此。在华尔街看楼，只需几眼就能感觉到朴素中有庄重，庄重里又有平易。不管怎么看，总也看不出奢侈与豪华。一条华尔街横亘在面前，对于不熟悉纽约的外来人，很容易就会与其擦肩而过。

没有张灯结彩，没有音乐流行，没有温情浪漫，一条华尔街从头走到尾又从尾走到头，始终像大鲨鱼奥尼尔在NBA球场上那样毫无表情。

有一阵，我暂时离开我们的人群，独自钻进紧挨着华尔街口的地铁车站。一个白人女子孤单地从地铁车站出来，我略作停顿给她让路。

这时代表团的一位成员在身后叫了一声。

他冲着我直摆手，又不好像在国内那样放声大喊，将嗓门憋着说：别冒险！

我说：美国女人都不怕，我怕什么。

纽约地铁离地面不远，一道相当于两层楼梯高的台阶笔直地通到站台上。只有一些浑黄的白炽灯照亮着站台，空气恶浊。简陋的附属设施已被熏得黑乎乎的，样子像是煤矿矿井。我以为纽约地铁也像北京地铁那样要在地下转几个弯才能到达车站，当纽约地铁赤裸裸地出现眼前时，我简直吃惊得不知如何面对。

站台上，一个黑人在敲着一只小巧的铁皮鼓。我走过去，在离他有两米远的地方站住。我们之间有一道将已购票者和没有购票者隔开的铁栅栏。黑人用一对小木槌在铁皮鼓的各个部位敲打着，一种旋律飘荡在阴暗的地铁车站里。在等候渡船去自由岛的码头上，我听见有人用一把样子古怪的琴演奏过这支曲子。曲名叫《纽约啊纽约》。我像前次一样，隔着铁栅栏将一张一美元的纸币放进铁皮鼓下的纸盒里。这时候一辆列车轰隆驶过来，停在我的面前。没有人上车，也没有人下车。每节车厢内只有三两个人。列车开走后，敲铁皮鼓的黑人收起槌子，瞅了一眼我刚刚放回钱包的口袋。我心里顿感一惊，随即马上意识到，那道阻隔着我与黑人的铁栅栏是何等美妙。我正要转身离开，黑人冲着我不停地打着手势。比画一阵，我突然明白，黑人是在提醒我，刚才我给小费时做得不对，我不应该将钱包拿出来，寻找零钱，这样做太不安全。一时间我竟有些感动。黑人继续比画，我猜他是在说，也许就在刚才，也许是从前某个时间，一个和我一样肤色的人，就在这儿被人抢了。

又一辆地铁到站了。这一次下车的人要多一些。黑人手上的小木槌像舞蹈家那样飞舞起来。只见他嘴唇一颤，一支歌就飘出来。每唱一句，黑人就重重地换了一口气。听上去却不像是在叹息。不清楚这是否是纽约正在流行的唱法，或者是黑人自己想要的独创。下车的人很快钻进了出站口，谁也没有停下脚步。一曲唱完，黑人用他特有的眼神忧伤地看着我。我再次掏出钱包。这一次，我给了他五美元。黑人没有说谢谢。

我转身离去，上了几步台阶，身后又响起那黑人的歌声。

很深情，也很揪心。

艺术永远是人类的良心，哪怕在肮脏龌龊的地方也不例外。

我相信自己碰上的正是那类流浪纽约的艺术家。直到现在，我还在想着那个敲铁皮鼓的黑人，会不会在某一天成为第二个迈克尔·杰克逊，会不会在时代广场竖起自己的巨幅广告画像。

Nver shi Fuqing

qianshi zhaixia de meigui

富足与可爱

做小生意美国人不如中国人。但在对经济规律的理解与应用上，美国人处在绝对领先的地位。

“二战”结束后，战胜国们商量着成立了一个处理世界事务的联合国。洛克菲勒家族闻讯马上在纽约买下一块地皮，无条件地捐赠给联合国。在买下送给联合国的地皮的同时，洛克菲勒家族还将与这块地皮毗连的地皮全部买下来。联合国大楼建起来后，四周的地价立即飙升起来。洛克菲勒家族送给联合国的地皮时价为八百七十万美金。这八百七十万的捐赠，回报给洛克菲勒家族的却是不知多少个八百七十万。

相对于对财富的聚敛，美国人更擅长于将到手的财富痛痛快快地花掉。整个人生中一会儿是对欲望的培植，一会儿是对欲望的宣泄。他们的快乐无一例外地全在这样的反复中产生。美国人对金钱的理解是人类有史以来最深刻的。是美国人最先发现，金钱的价值不在乎它的总数有多少。早年的洛克菲勒和现在的盖茨，在他们名下聚攒着天文数字的财富。但是美国人认为，不管是华尔街股票大盘上滚动的数字，还是帝国大厦这样的楼盘，其拥有者并非真实地拥有它。从真实的程度上看，一个典型的美国中产阶级分子所拥有的金钱，并不比《财富》杂志的封面人物少到哪儿去。美国人的金钱观是，当金钱多到无法花掉时，那无法花掉的部分全是别人的。

只有能花掉并给自己带来享受和快乐的那一部分，才是属于自己的。

据说，美国人平均每十年就要搬一次家，平均三年就要换一台汽车，平均半年就要出外旅行一次。

做这些事的目的，无外乎是让自己真正成为自己金钱的主人。这是典型的美国逻辑。不这样，金钱的主人就难以断定。

在底特律机场，我们碰到三个都是八十多岁的美国老人。老人们腿脚已经非常不方便，说话时语音含糊不清，听力也不好，看上去生命力已经很脆弱。老人们还是不想放弃曾经给自己带来许多快乐的习性。他们中的两个要到洛杉矶去参加一个例行的聚会，另一个是来送行的。我们这群人中，有人用汉语说，这么大年纪，又没有年轻人陪伴，真是找罪受。虽然老人们很乐意我们对他们的帮助，但是看不出他们有如果无人帮助就会放弃的念头。

美国老人们的生活方式让我想起尚在故乡的老父亲。老父亲是离休干部。因为县里财政支出困难，这些年政府应该付给他的离休工资，总是有一拨没一拨。在电话里同他说起这些事时，我曾劝他先将银行里的积蓄取出来花了，别难为自己。说了两次，他就生起气来，天远地远地在电话里质问：难道我就不能给儿女孙辈们留点儿遗产！我想对他说，我们并不缺他的那点儿遗产。这些话断断不能对老父亲说。记得小的时候，一个同伴的母亲无钱治病，在床上躺了一年多。临去世时，她用最后一点儿力气从枕头里抠出五块钱，塞到大女儿的手上，让她在出嫁时为自己买些花布，做几件衣服。给儿女们留点儿遗产是中国老人最后的快乐。

不知什么时候老父亲他们，也能像美国老人一样，让钱这东西真正为自己所享乐。

当冬天来临时，拉斯维加斯的美国沙漠，就会用上两三个月的时间接待来自中部和东部的老人。成千上万躲避寒冷的老人从居家的地方，开着汽车，拖着一间活动房子，千里迢迢会聚在冬日温暖的阳光下，享受着每一分养老金所带来的生存品质。

中国的沙漠不能接待老人，但中国本土上有连候鸟都要去过冬的海南岛。它比沙漠更适合害怕寒冷的老人。

美国人其实并非像有些说法那样贪得无厌。

纽约是世界地价最昂贵的地区之一，位于纽约中心的时代广场一带，想买块地皮或一座楼，简直就是痴人说梦。时代广场一带明星云集，像迈克尔·杰克逊这样虽然红遍世界却出道稍晚的黑人歌手，也只能将手中的金钱，大把大把地撒在附近的饭店里，长期包下一两套客房，勉强安身。寸土寸金的时代广场中心路口上，有一座全纽约最小的警察局。小小的警察局趴在时代广场四周的高楼脚下，一副另类模样。多少年来，不知有多少地产商打过它的主意，纽约的警察却不为金钱所动。依然年复年、月复月地荫蔽着十来个警察，毫不在意只要一转念头就可获得的暴利。

我们在美国旅行的尽头是尼亚加拉瀑布。

大瀑布由美国和加拿大共有。瀑布的两端各有一座尼亚加拉市。当年，美国的投资者拿着支票簿，来到属于美国的尼亚加拉市，打算进行旅游设施投资。美国的尼亚加拉人断然拒绝了黄金的诱惑，他们不想让外来者打扰自己安宁的生活，也不想要太多的金钱。结果，所有的投资者都跑到对岸加拿大的尼亚加拉市去了。又结果，两个尼亚加拉市，一到夜里就成了截然不同的两种世界。一方让瀑布的声响听起来如诗的经典，一方让瀑布的画面看上去像是流金淌银。

此类故事，基本上只会发生在美国。

在中国本土，这样的拒绝简直就应了北京城里流行的新词：二百四十九——比二百五还差一点儿。前几年，上海将市政府大楼整个卖了，北京将王府井切块卖了。稍后几年，长春电影制片厂将老厂卖了。都卖了好价钱，都有完全站得住的理由。

我琢磨了好久后，才有了自己的结论：无论是个人还是群体，单纯富裕并不难，难的是富足。在富裕与富足之间，相隔着一座精神的炼狱。富足是人间极乐。富裕不是。富裕只是表示物质的数量由小趋大。一些富人，常常用自嘲的口吻说一句自诩的话：我穷得只剩下人民币了！一个富足者是不会这样说的。如果是在纽约，一个普通的美国人会在早上起来，穿上一身休闲衣裳，一路小跑着来到NBC电视台四台楼下的窗外。五点钟时，他会同许多人一道冲着从窗口伸出来的摄像机，惬意地笑着。当摄像机的镜头从眼前摇过时，他会深情地说一声：美国你好！几分钟后，摄像机消失在窗口，跟着敞开的窗户也关上了。他会随着人群的散开，顺着原路回到家里，听着朋友不停地打来电话，说是在五点钟的新闻节目里看到了他。当朋友们的电话都打完后，这个居住在纽约的美国人，就会从车库里开出自己的汽车，去一个地方为一笔税务警察并不知晓的收入交纳所得税。

富裕是极端个人的事。

富足会让人变得天真可爱，并给他人带来快乐。所以富足不是一个人的事。

憨态的性感

一个性感的人，不用谋面，传说就能迷住他人。

一个性感的国家，无须享受它的种种妙处，只要打从它的土地上走过，本能里就有东西复活并与之激荡。

美国人的快乐与幸福在我们看来，像是没来由的。

美国的历史在好莱坞电影里。

美国的未来在迪斯尼乐园里。

美国的现实在所有人的眼睛里。

将现实之根建立在几千年的历史之根中，这样的文化无疑是伟大的。

能在文化现实中同时包含历史与未来，这样的文化肯定要多一份伟大。

美国弗吉尼亚州政府是地球地理范围内，第一个因为人类的未来问题而受到公民指控的政府。一个名为“公民抵抗UFO组织”向州最高法院提起诉讼，指控州政府“在准备抵抗外太空人入侵方面，工作不力，使当地美国人的生命安全受到威胁”。美国人对未来的事情比别人敏感，缘于尖端科学技术比别人更早地运用于他们的日常生活之中。一个人在迪斯尼公园走一遭，只要思维健全，就能切身感受到人在面对宇宙时的滋味。几多出色的创意，在形形色色的非凡技术的支持下，竟将远在天边的宇宙，平平常常地展现在每一个人的手边脚边。说英语的美国人要想将汉语“寓教于乐”的意思说清楚准确，要费很多笔墨与口舌。一座迪斯尼公园形象地立在那里，就是最精妙的语言也显得苍白无力。有在太空中呆过的宇航员说，迪斯尼公园里的太空仓比真正的航天飞机惊险刺激。还说只花费几美元就见到的太空，与他所乘坐的价值上百亿美元的航天飞机所见到的太空几乎一模一样。

都说美国有一种法律规定，任何科学发现都必须在最短的时间应用于民间。就算是没有这种法律，在利润的杠杆作用下，科学的投资方也会将所有的科学发现落实到民间。

从西部到东部再到北部，美国的四方走过三方。重新回到洛杉矶准备回国时，心里开始明白，流传在美国本土之外的一些东西里有着深刻的误会。那些说法更多的是一种人云亦云。美国文化并不是我们常说的快餐文化，而是一种处在生命早期的全新的文化。这种文化更重视短暂人生的生存质量，然后才是与人有关的那些永远有得说的，永远也说不清楚的终极问题。

美国文化还处在积累期。这种积累的劲头在外人看来，简直近乎疯狂。

一座耶鲁大学东亚图书馆就让人叹为观止。由中国本土出版的纸质汉语文学书刊，只要是稍有影响的都被收藏其中。在以L开头的书架上，有我最早由作家出版社出版、并且入围第四届茅盾文学奖的长篇小说《威风凛凛》。仅此我还不感意外。让我意外的是，那本《威风凛凛》的封面被他们重新加固过。他们在封面与书芯中间填加一层韧性极强的纸板，使其在日后经由岁月翻动时不易受到损伤。代表团结束在美国的访问，回中国之前，在加州图书馆工作的女作家朱谜，交给我一沓电脑打印纸。上面有美国国会图书馆（DLC）、哈佛大学燕京图书馆（HNY）、田纳西大学图书馆（TKN）、喜瑞多公共图书馆（CER）、俄亥俄州立大学图书馆（OSU）和香港科技大学图书馆（HNK），收藏的我的作品的目录。朱谜说，这是她从美国图书馆系统的网络上查找到的，因为时间太紧，她没来得及进入到其他的图书馆网站，只找了这几家经常联系的图书馆。朱谜给我的书目，包括了我的全部七部长篇小说、四卷本的个人文集、几种中短篇小说集和人民文学出版社刚刚给我出的一本选集《中国当代作家选集丛书——刘醒龙》。那沓电脑纸被我带回国内，有机会时，我想在国内的图书馆里也这么查一下，然后作个比较。

美国历史只比一个长寿老人的岁数稍多一点儿。然而，他们珍惜着现在的每一天，并且不放弃眼前的每一个机会。如果说像康宁玻璃中心这样闻名世界的大公司，将他们的企业办成玻璃制成品的博物馆，尚不足为奇。像赫氏集团，将他们的巧克力生产车间，设计为可供游人观光的巧克力乐园，太出人意料。被别人说成是没有文化的美国人，真的是在拼命地发挥着一切可能的潜在的才华。在这种积累的势头面前，我们完全可以想象，美国文化在五百年和一千年后会是什么样子。

美国文明还没达到它的顶点，它还处在发展过程中。好莱坞今天所做的一切，都是在为真正伟大的作品铺路。

美国像任何一个民族一样，有属于自己的神话。

美国本身不是神话，她是一种现实。

一个配得上作家称谓的人，必定是一个在心里将人类的自由与进步，看得比自身生命还宝贵的人。我在此坦率地承认，我喜欢这个国家。这话的意思是，我爱我唯一的爱人，我还会欣赏别的美丽的女子。

没有俄国的高贵，没有英国的斯文，没有法国的前卫，没有德国的缜密，没有日本的精细，没有中国的渊博。

这些都是美国显而易见的缺憾。然而美国拥有着这些国家所不可以再有的优势：年轻！一个没有包袱、没有负担的民族，如同一个扔掉捆在腿上沙袋的行者。只要年轻，不管是人还是小猫小狗，都会有些憨态。这一点也是所有性感之物必须具备的背景。

爱超女不做超女

1

曾让人觉得陌生的足球成了绝大多数人的共同话题，用一个时髦的词来形容：足球已成了人们的公共话语。许多次，碰到的人上至白发苍苍的老头，下至识字不多的少年，谈起足球时，那般的眉飞色舞、口若悬河之状，实在让我吃惊。记得一九八二年那届世界杯外围赛，中沙大战时，自己还在那个县办小厂里当秘书，因为管着厂里的唯一一台电视机的钥匙，爱看电视的人只能跟着我看足球。就是那样精彩的一场经典赛事，不少人还在暗中鼓噪要换频道，看别的肥皂剧。现在的情形大变，走在街上，一大早就会有人迎上来问，昨晚看球没有？或者有人当众理直气壮地说：昨晚看球去了！

文学界的一位前辈，曾经同我谈起自己家里看电视的变化。过去老伴极烦他看足球，但现在他老伴若是出门买菜赶上某场球看不成，待回来后，第一句话准问：几比几啦？这一点颇像后来所出现的“超女”，一到周末，就会就有人无论如何也赶不上看现场，于是就在事后关切地追问，谁和谁“PK”、谁被谁“PK”下去啦？

小时候，总看见爷爷抱着一只大公鸡上镇医院，让护士从鸡翅膀下面的血管里抽出一针管鲜红的血，回注进自己的血管里。这叫鸡血疗法，在当时极时髦，所以我有幸见到一群群抱着公鸡上医院的男女老少。隔了一阵，又时兴起甩手疗法，大家站定在一处，让两只胳膊像断了一样自由自在地甩动。再隔一阵，便是逢人要吃红茶菌。

这些风靡一时的东西，对于多数人来说其实是一种时髦。处在时髦之中，人如果不趋附，就会有被冷落、被抛弃的感觉，这是许多人恰恰不愿意的。特别是那些机灵的聪明人，他们始终是这些时髦病的推波助澜者，当他们认准有新的时髦来临时，总会一点儿也不惋惜地对旧时髦进行抛弃。足球对于他们就像鸡血疗法，说没兴趣了，那兴趣就比天上的云还散得快。对于中国足球来说，真的不需要那么多的人去为其狂热。一个十二亿人口的大国，有一亿中国人爱足球，足球就不得了了。一亿人爱足球，都有可能让中国足球像家庭里，爷爷奶奶外公外婆爸爸妈妈六个人一起宠着一个小孩一样，最终却让这小孩长成了豆芽菜！所以多数人不爱足球，对于中国足球来说才是一件真正的幸事！

与足球相比，几乎是在一夜之间，就成为这个时代中最为公共话题的“超女”，肯定也会如此，用不了多久就会云烟散去，直到某一天，再有人提起“超女”，就要冒被人笑话为老得掉牙的风险。

2

同几位朋友一道去一个地方感受从未有过的漂流刺激时，惦记着世界杯的心里，曾经冒出近乎另类的预感，以为中国队即将与巴西队的比赛也会如那三十二座惊涛汹涌的险滩，能给我们带来独一无二的回味。匆匆从外地赶回来，竟然在一张旧报纸上，读到几个中国队球员对米卢的嘲笑，认为米卢关于中国队从C组出线的可能完全是痴人说梦。

对于米卢，我也曾有过嘲笑。

我说过，作为足球业界的顶级名士，米卢这人全身上下充满一种妖气。

然而，米卢那些关于中国队的梦想一般的预言，却是我心里格外敬重的。输掉了小组赛的第一场后，米卢仍旧满怀信心地计算着中国队最后从小组出线的可能。作为球员，最可恶的就是先于表现出自己比主教练高明。愚公移山、精卫填海，我们民族之所以能在世界上立足五千年而还在，就是因为有这种别人最无可奈何的东西。米卢敢将不可能的当做可能来做，这一点儿明显与那些本领不够，却朝思暮想要吃唐僧肉的妖怪有着本质的区别。在为着胜利和尊严的米卢面前，那些嘲笑他的人，看上去说了与现实相符的话，心底的动机已使他们成了连妖怪都不如，见谁都在乞怜，只敢向四邻撒野的土地老儿。

若是真的如报章传闻，米卢不是来中国，而是去了法国，也许就不会落得如此印象。其实，米卢也有米卢的难处。《西游记》里的众多妖怪，极少一与唐僧师徒相遇便使妖法，总要先与孙悟空战上几个回合，确实觉得实力不济了，这才动用各式各样的怪里怪气的招数。如果我们也拥有齐达内，米卢断不会如此小气地到处装神弄鬼。记得当初他决定接受中国队主教练一职的邀请时就曾说过，他喜欢做些有挑战性的事情。后来的一切也都表明，米卢确实不想让自己一世英名毁在这次世界杯上。可惜的是，也许等到米卢离开了中国，了却这与中国足球的一段情缘，仍旧没能了解中国人。就像所有外国人那样，将脑袋挖空成为葫芦，也想不出为什么中国人一点儿也谈不上富裕，却要将那么多的钱放在银行里，供别人肆意挥霍！

一个没有梦想的人，真到逼上梁山时，他所能做的决不是梦想而是梦游。这该是米卢所言，等到离开中国足球数年后将要说出来的中国足球最大的现实。

3

有天晚上，正在看世界杯的某场比赛，有文学爱好者打电话要来家中拜访，因为有乡亲关系在，不好再将要看世界杯作为谢绝访客的理由。客人进门，谈及的当然是其曾让我看看的习作。说了许多，比赛时间也要到了，见他仍在那里不依不饶地追究，心里一急，顾不上君子之风，直截了当地问他看不看世界杯。上场比赛，所摆阵式无非是四三三、四四二、三五二、三六一几种，所遣人员也就是前锋、前卫与后卫三类，前场进攻也就长传吊冲、短传渗透、下底传中、腰肋斜传和定位球几招，赢的队为什么会赢，输的队为什么会输，关键是技战术细节的运用。都说艺术是相通的，无论是哪一种和哪一种，它所通达的异曲同工的原因，就在于无论哪一行，都必须具有独特的细节刻画功夫。只有这样，才可能出现音乐家听到流水声而谱出乐章，画家看到溪流而画出彩绘，作家在水边徜徉而写出优异的长篇、中篇和短篇。

乡亲级熟人不停地点头，可那样子分明是还不明白。好在我很释然，如果人人都能明察这些，岂不真能做到一九五八年文艺大跃进时所夸张的，凡是人都可以成为作家！送完客，打开电视机，球赛已经开始了。看着看着，又情不自禁地想起方才所说。小说结构，正是踢球者事先策划的战术谋略。小说故事，正是一场球的输赢过程。小说叙述，正是谋划与过程的完全相同或者完全不同而又仿佛天成的人为操控。

回头再说细节。相信那些现今口口声声不离细节决定命运的人，并非完全了解这种能够决定命运的细节是为何物。一支球队的落败，关键在于他们对细节的不理解。有些细节只是闲笔，就像马拉多纳和大小罗纳尔多等人在禁区内外的盘带与颠球，只是为了对随后确定胜负大局的那一脚下射门进行衬托。真正的细节，只会发生在最后一击的策划者和足球越过球门线之间那段时间里，画龙点睛所说的也是如此。踢不好足球的队，画了一条龙，却不会点睛，从头到尾闲笔不断，让人觉得死气沉沉。那些能使足球出神入化的球队，不仅画了龙，还点出两只绝妙眼睛，所以笔锋所到处处生花。

生命需要抒情

1

多年前因为输球而产生的那个著名的“五·一九”后，有人心急手快地写过一段文字，大意是说，如果当时看球的人没有闹事，而是相互之间极为绅士地握握手、点点头，仿佛什么也没发生似地离去，世人将会如何看待我们的民族？如此久远的今天，还能记住这些，实在因为它在当年的触动太深。

一晃之间，足球在我们的身边着实进了一步。

韩日世界杯时，女儿已有两岁三个月大了。

放在往日，本该输的球，我们有可能赢下来。本该赢下来的球，偏偏会输掉。这就像夏天吃麻辣烫，冬天啃冰砖，热就热死，冷就冷死。硬逼着人去犯神经质，不闹出点儿麻烦，就没有一时的了结。现在不同了，该输的球，那些叫做中国队的人一定会输得爽爽快快，不再让我们胡思乱想。该赢的球，那些叫做中国队的人也会赢得爽爽快快，不再让我们看得提心吊胆。只要不存在非分之想，不管被人家打成0:2、0:3、还是0:4，都不会上街去打警察、烧汽车，更不会抱着自己家里的电视机往楼下扔。虽然还够不上绅士，综合表现还是可以当做是有身份的人。

输了球也不怨声载道。球赢了，更明白大力神金杯，只会在梦想中冲着我们微笑。

世界杯是用手捧起来的，足球却要靠脚踢下去。

我们真的要学会为我们足球生活的每一点儿进步高兴。

譬如这些年来，一直受到足球指导原则偏好的高大身材，如果没有世界杯上的二百七十分钟，不定还要招惹多久的臭骂。事实上，在这些时段里，球员身材是中国队唯一能达到的世界杯水平。赛场之上，我们的球员用得最多的正是当初被骂得最多的身体，其余备受称道的所谓速度与灵活，简直连昙花一现的机会都没有。假如没有那些一米八几的大块头，那个只有一米七几的土耳其替补守门员，一定会像蝴蝶那样，将中国队的苦脸当做一朵朵有蜜可采的花蕊来翻飞。未来多年，别说在世界，就是在亚洲，我们也只能用日本人、韩国人和沙特人天生无法具备的身体与之顽抗。能认识到这一点，正是非常现实的进步。假如某一天，在充分大型化的中国队里，出现一两个无以替代的小个子，中国足球一定有了非凡的长进，说不定他们正是像马拉多纳和欧文这样可以称为巨人的人。

善于高兴的人比总在痛苦里泡着的人进步得更快。

足球之于我们与我们之于足球的意义是相同的。足球是我们生活的一部分，我们也只是足球内涵的一部分。为了继续热爱总是令我们愁眉不展的足球，我们必须学会发现，只要有理由让自己高兴，就没有理由让自己没完没了地被其压抑。

2

狂欢了一个月的韩日世界杯，临到曲终人散，情绪里竟然找不到一丝快乐。只有日本人才会有这样的宣泄：两百万只银灰色的纸鹤从高空洒下来。不管他们是何等地渴望将大力神金杯留在富士山上，在内心最隐秘的底端，无论是思辨还是直觉，都在日复一日地对他们说，还是将川端康成的忧郁作为长久的情感吧。所以，在足球之路上远比中国走得远的日本，用近乎雪的流行色，打扮着整个六月最后的癫狂，同时也消解着许多的有关世界之金杯的痛楚。而我们，该如何面对哩！能够再装出信心十足的样子，说一句来日方长吗？能够再像大人哄孩子睡着那样许诺，醒来时会给一颗甜蜜的糖吗？

偌大的中国，只有一个人的快乐是我所相信的。也只有正好两岁三个月的女儿，在柳絮鹅黄的胜利者面前，所表现的快乐才会带给我相同的欢笑。一个月的时间相对于她的经历已经是很长了，女儿差不多能看出一些足球上的门路。每当电视里发出欢呼声时，她就会跳起来，举着双手在屋子里蹦跳着转着圈，小嘴咧得大大的不停地叫喊：“中国队进球啰！”1:0时，我对她说，那不是中国队。2:0时，她依然快乐地欢叫着：“中国队进球啰！”女儿笑成花朵的模样，让我明白，在女儿这样小小的年纪里，足球的欢乐才是全世界的欢乐。

几年前，一位老朋友感慨地说，这辈子他是看不到中国足球队拿世界冠军了。后来他又说，只要中国队能进到三十二强，也就心满意足了。中国队从朝鲜半岛上铩羽而归，老朋友平静地说，不错，有进步！有这样一句话：我们的孩子们，有权利要求我们传给他们一个比别人更美丽的家园！对足球，也一样应该这样说。从胜利到失败，日本的银纸鹤恰如其分地飘荡着他们的忧伤。从失败到失败，中国足球只是一道由波音客机在蓝天拉出来的一道白烟。除了这支我们无法不由衷拥戴的中国队，也除了那支不屑与中国交换球衣的巴西队，其余三十支队伍都配得上银纸鹤载着的伤怀，毕竟他们是活在路上。站在法理和情感的位置上，我们不得不属于一种早就让我们痛心疾首的足球环境。曾经梦想的六月对话，印证了旧的中国足球必须尽快死亡，千万不要再奉行那种好死不如赖活的哲学。唯有这样，我们才会拥有忧伤，并最终拥有快乐，因为继续走下去的那条路是新生与复活！

3

我们这一茬人真是幸运，能在迈克尔·乔丹的横空出世的年代，享受着他将篮球出神入化后的旷世感觉。这是一个欢乐让人震撼、悲怆让人震撼、胜利让人震撼、失败也让人震撼的时期。面对着一九九八年六月十四日上午乔丹那超乎所有人想象的超级跳投，谁还敢轻言这只是一场篮球比赛！那几乎摆平在地板上的身躯，突然间拔地而起，像是一座山峰飞腾起伟岸的模样，在空中久久地不肯飘落。那魅力已不只是勇气和果敢，更不是那智慧与技巧，而是一种久违了的精神的图腾。在乔丹腾空欲飞之际，我们见到的是一种人的强大的灵魂在那平庸的尘世上的翱翔！这样的气魄，这样不可遏制的生命的抒情，早已超越了那总决赛冠军归属的功利。那绝不是对自己欲望的占有和对阻碍这种占有的征服，那是人类为自身精神的需要而共同创作的一场伟大的舞蹈。它昭示着，人在什么样的境界时，可以赴汤蹈火，可以死而后生，可以像神一样于慷慨悲歌之际对世事实施拯救。

让不可能变成可能！让平常只在艺术浪漫中出现的事物真的出现在生活里！人们在经受了目瞪口呆的震惊以后，除了相信上帝，感谢上帝以外，实在想不出别的道理来作解释。所以上帝更多的时候，是我们无法面对的现实中的一种支柱。

曾经无人敢认真地去想这是乔丹最后的舞蹈。也没有人去设想没有乔丹的日子，篮球的生活会有多么寂寞无聊。但那一阵许许多多的人真正地生活在失却神话的季节里，无法展开灵魂的翅膀一样。

我们这一茬儿人也有不幸！因为相对现代文明的落后，我们没有早一点儿拥有电视这种东西，无法活灵活现地目睹贝利在足坛上的出神入化。但我们还是能够从乔丹的离去，感受到贝利当年是如何带走足球场上的阳光！正如火如荼地搏斗着的欧洲杯赛事，在向我们无遗地展示着这些：是德国队越来越多的平庸在反衬着葡萄牙队的光彩，因为通俗小品的盛行才显出英格兰队的高贵。就是这些难得一见的星光，在乔丹——当然还有贝利面前，只会是黯然失色。渴望激情！渴望浪漫！渴望超越！这是普天之下对乔丹和贝利充满景仰，同时对足球艺术充满幻想的根本所在。

人们在讥笑贝利每一回对足球的预测，最终都成了乌鸦嘴。他们忘了贝利是一只老虎，而后来者多为猫。贝利的错误在于，他在分析猫时，往往没有注意到自己与他们的区别。他将猫也当成了老虎，不知道即使是被他相中的那些，也不过是长得稍微粗壮孔武一些，并有一手老虎所不能的上树技巧的猫。梦里的贝利都怀着对足球的一腔激情，这是他同那些将足球作为表演的人的根本区别。足球是贝利生命的一部分，当他为一方天地下的足球叫好时，其实是在抒发自己的生命情怀。贝利以自己鸿鹄在天的胸襟来预期欧洲杯上的英格兰队。英格兰队本来可以做得更好！他们做不好和无法做好，实在是足球与当代的悲伤。足球场上的贝利不可能再有，然而足球生命里如果没有贝利那样的情愫，足球就成了没有死亡的杀戮。

不要讥笑贝利！那会招致上帝的误会，以为我们只能欣赏平庸与通俗，总是派一些耍弄雕虫小技的家伙下来作秀。

我们太需要像贝利和乔丹这种伟大的抒情者了！

跋 向未来张望

岁月与在轨道上没日没夜奔驰的列车本无不同，不同的是一个记里程一个纪年。在岁月中，一个个日子总在将尽头作源头，这样所有的愿望都有机会盼着新世纪的太阳也是新的。一番番的沧海桑田将太多的斑驳叠印在一起，便成了扑面而来的异地风景，如黄山、如华山、如喜马拉雅山，由于只是一过性的艰险，咬咬牙它们便就成为一种让人想往的美丽。

想起来岁月也是有生命的，也在活着生命的质量。仅有新生的辉煌而没有消逝的悲壮，绝不是世纪的风格！

迄今为止，人类最为美好的时光都属于我们。我们想要的几乎都有了！我们不曾想要的也已经有了！也就是那么几十年的光景，当年还以为会像弯刀一样割裂自己耳朵的月亮，竟成了我们下一步想去的地方。

记得小时候看过的书中说，如果从月亮看地球，地球会是蓝色的。又记得小时候听大人们说，哪一天人能制造自己，那才会有真正的解放。还记得小时候，愣着眼睛幻想，人怎么可以将洁白的棉花种成五颜六色哩。人在向未来张望时，全都是艺术家。人用生命来做想象时，世上最专业的艺术家也会相形见绌。人类最伟大的发现都是由艺术的大脑完成的：譬如相对论说光线是弯曲的，譬如宇宙中存在我们永远也看不见的黑洞，譬如最复杂的电脑使用的却是最简单的运算原理。在历史纪年中占了先机的我们，仿佛比任何在此之前的先祖都富于天性，也更幸运。或许因为得到太多，所以才注定了我们必须成为下一代人的先行者与思想者。也只有这样人才会永远是人。

因此，在跨过旧纪年的门槛时，要做的紧要事务是，人得盘点交给新时空的遗产价值取向。或许这就是那个扑面而来的世纪主题。经历了一个物化的二十世纪，我们得重新找回人类的精神。深刻的人们在对宇宙和夸克进行研究之后，又在重新肯定曾被我们抛弃的物质是有限的、人的认识是有限的、由于宇宙是因大爆炸而诞生并且宇宙终归要毁灭、所以人类永远也不可能找寻到自己的过去和未来的论断。这种见不到但能感受到的可能现实，我们如果不去努力认识，那就有可能给人类精神以越来越致命的打击！

所以我们必须牢记世纪末不是情结。

尽管人类在天堂门前徘徊了那么久，二十一世纪也不是天堂里的日子。此时此刻困扰我们的问题将来依然还会再现于身边。二十世纪的最后一天同二十一世纪的最初一天也不会有什么两样。我们可以认为也有必要认为那一天的太阳与先前的太阳大不一样，甚至比任何美妙的诗句还要美妙，但我们不可以因此而梦想仅有太阳就足够了。太阳不是奶油面包，哪怕到了二十一世纪也不会发生这种奇迹。一位哲人说过，人的认知是一个圆，认知越多圆周就越大，随之所面临不可知的东西也就越多。岁月里的好时光越多，人类处境就越艰险。在前边，不知有什么正在道路的拐弯处埋伏着，我们的心理得有所准备。

历史对于每一个时代每一个人都会是公平的。我们享受的幸福是我们自己创造的，我们遭受的困境也是我们自己造成的！安南在二十世纪最后一个联合国日时痛心疾首地说，本世纪是人类历史上最血腥的世纪！我们不能借口今天的灾难中没有自己的过错就以为自己是清白的。任何时候都要谨记：一个人肮脏，全世界就不干净；一个人发疯，全世界就不正常；一个人贪婪，全世界就不清廉。我们无法对二十一世纪多嘴多舌，我们只能对自己说，走过了这么多，经历了这么多，这个世纪用它的经验和教训活出了现代的质量，下面的事也不会差。